AF241024

ŒUVRES COMPLÈTES
D'EDGAR QUINET

VIE ET MORT
DU

GÉNIE GREC

TROISIÈME ÉDITION

PARIS

LIBRAIRIE HACHETTE ET Cⁱᵉ

79, BOULEVARD SAINT-GERMAIN, 79

1912

ŒUVRES COMPLÈTES

D'EDGAR QUINET

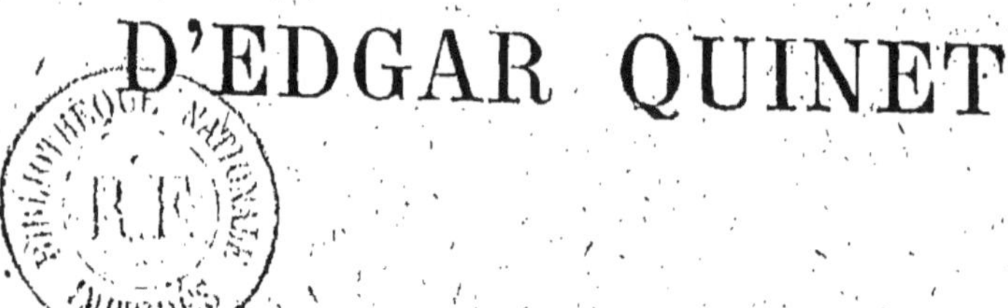

E° J
7717

LIBRAIRIE HACHETTE ET Cie

ŒUVRES COMPLÈTES D'EDGAR QUINET

en 30 volumes

Tomes

I. . . . . Le Génie des Religions.
II. . . . . Les Jésuites. — L'Ultramontanisme.
III. . . . Le Christianisme et la Révolution française.
IV. . . . ⎫
V. . . . . ⎬ Les Révolutions d'Italie (2 volumes).
VI. . . . Marnix de Sainte-Aldegonde. — Philosophie de l'Histoire de
        France.
VII. . . . Les Roumains. — Allemagne et Italie.
VIII. . . . Premiers travaux. — Introduction à la Philosophie de l'His-
        toire. — Essai sur Herder. — Examen de la vie de Jésus.
IX . . . La Grèce moderne. — Histoire de la Poésie.
X. . . . . Mes vacances en Espagne.
XI . . . . Ahasvérus.
XII. . . Prométhée. — Les Esclaves.
XIII. . . Napoléon. Poème (Épuisé).
XIV. . . L'Enseignement du peuple. — Œuvres politiques. Avant l'Exil.
XV . . . Histoire de mes Idées (Autobiographie).
XVI. . . ⎫
XVII . . ⎬ Merlin l'Enchanteur.
XVIII . . ⎭
XIX. . . ⎫
XX . . . ⎬ La Révolution (3 volumes).
XXI. . . La Campagne de 1815.
XXII . . ⎫
XXIII . . ⎬ La Création (2 volumes).
XXIV. . Le livre de l'Exilé. — La Révolution religieuse au XIXe siècle.
        Œuvres politiques pendant l'Exil.
XXV . . Le Siège de Paris. — Œuvres politiques après l'Exil.
XXVI. . La République. — Conditions de régénération de la France.
XXVII. . L'Esprit nouveau.
XXVIII. Vie et mort du Génie grec. — Appendice. Discours du
        29 mars 1875.

XXIX. . ⎫
XXX . . ⎬ Correspondance. Lettres à sa mère (2 volumes).
Lettres d'Exil d'EDGAR QUINET (4 volumes), Calmann Lévy, éditeur, 1885.

OUVRAGES DE Mme EDGAR QUINET

Mémoires d'Exil (2 volumes), éditeur Lacroix, 1868 (Épuisés).
Paris, journal du Siège (1 volume), éditeur Dentu, 1873.
Sentiers de France (1 volume), éditeur Dentu, 1875.
Edgar Quinet avant l'Exil (1 volume), éditeur Calmann Lévy, 1888.
Edgar Quinet depuis l'Exil (1 volume), éditeur Calmann Lévy, 1889.
Le Vrai dans l'Education (1 volume), éditeur Calmann Lévy, 1891.
Ce que dit la Musique (1 volume), éditeur Calmann Lévy, 1893.
La France Idéale (1 volume), éditeur Calmann Lévy, 1895.

Paris. — Imp. PAUL DUPONT (THOUZELLIER, Dr), (Cl.) 1033 bis.12.11.

ŒUVRES COMPLÈTES
D'EDGAR QUINET

VIE ET MORT
DU
GÉNIE GREC

TROISIÈME ÉDITION

PARIS
LIBRAIRIE HACHETTE ET Cie
79, BOULEVARD SAINT-GERMAIN, 79
1912

978

Où me réfugier pour ne pas voir ce que je vois, pour ne pas entendre ce que j'entends ?

Je me réfugierai sur un roc inaccessible, le monde Grec. J'en montrerai la formation dans l'âge classique.

Mars 1875.

VIE ET MORT DU GÉNIE GREC

I

COMMENT S'EST FORMÉ LE GÉNIE GREC.

Ce n'est pas seulement l'oligarchie de Thèbes qui s'est alliée à Xerxès contre la Grèce, c'est aussi celle d'Athènes. Les oligarques d'Athènes, les Pisistratides émigrés, étaient dans le camp de l'Invasion. Ils ont fait tout au monde pour y entraîner Athènes.

S'il eût dépendu de la noblesse, on tremble de penser qu'elle eût fait de la ville de Minerve une Athènes mède et barbare, plutôt que d'accepter le progrès de la Démocratie.

Cette observation profonde est de Pausanias.

Une Athènes médo-perse, qui peut y songer? La démocratie seule en a préservé le monde.

Je ne sais s'il est vrai qu'Hérodote ait lu ses

histoires dans les jeux olympiques et dans les Panathénées. Mais cette légende me dit assez que les muses d'Hérodote s'associaient, dans l'esprit des Grecs, aux fêtes nationales, aux athlètes, aux hymnes, aux courses des chars. Ces récits de la gloire de l'Hellade étaient eux-mêmes une fête pour tous. Ils s'encadraient naturellement dans les processions des Panathénées; ils étaient le lien d'or qui rattachait les uns aux autres les villes victorieuses, les trophées, les statues, les chœurs des flûtes et des lyres sous le ciel ouvert, au milieu de l'acclamation de la Grèce entière.

Voilà pourquoi on supposait qu'Hérodote avait lu ses livres dans l'Assemblée des lutteurs d'O-lympie.

Et quel silence mêlé d'acclamation ! C'est l'Hellade qui avait parlé par sa bouche.

Je suis surpris, en avançant, de voir que tout est à dire encore dans cette antiquité lointaine qu'on croirait épuisée.

Comment a-t-on pu, jusqu'ici, séparer des guerres médiques l'Art grec qui en est sorti, et qui en est la couronne? Je vois les lettres, les arts, les marbres, s'épanouir au souffle de ces victoires. L'Hellade, qui a failli périr, a triomphé du Barbare. Quel écrivain, quel poète, quel sta-tuaire ne répondra à un pareil moment? Cela ex-plique l'intarissable fécondité de ces premiers jours. Quel sommet de montagne ne s'ornera d'un temple pour porter au ciel la reconnaissance de la terre hellénique? Et quel pourra être le caractère de ces œuvres? Celui que donne le sentiment d'avoir vaincu. C'est-à-dire la paix, l'équilibre, la sérénité des Immortels.

La Grèce s'est sentie invulnérable; elle le proclame dans toutes ses œuvres:

L'art grec est ainsi né de la Victoire. Son plus grand caractère est là.

1

ESCHYLE.

Eschyle a suivi dans le début de son drame des
Perses[1] une inspiration semblable à celle d'Hérodote. Car lui aussi commence par remplir les
esprits de la puissance de l'Asie; il fait passer
aussi devant le spectateur l'armée innombrable
de Xerxès. Après que l'imagination a été saisie
de cette terreur, arrive le messager qui raconte
la destruction des Perses à Salamine. Le poète
semble reproduire dans le drame le même contraste que l'historien, et sans doute l'un et l'autre
n'ont fait qu'obéir fidèlement au sentiment entier
de la Grèce.

Tout ce qui regarde l'Hellade est semblable
par le fond, dans Eschyle et dans Hérodote. On
s'attend à voir écraser la race grecque.

Beaucoup de traits sont pareils dans la description de la bataille, comme s'ils avaient puisé
à une source commune.

[1] *Les Perses* d'Eschyle ont été composés sept ans après la bataille de Salamine (473 ans av. J.-C.)

Mais Eschyle va plus loin qu'Hérodote. Dans Eschyle, la terreur passe de la Grèce à l'Asie. La lamentation de la Perse finit par remplir la scène. Le spectre de Darius prophétise la défaite de Platée sous la lance dorique.

Le poëte achève ainsi l'historien ; il poursuit les Barbares à Suze, à Ecbatane, jusque chez les dieux souterrains.

Il marque ainsi une ère nouvelle, la fin d'un monde, le commencement d'un autre.

Quand les vieillards de Suze déchirent leurs habits, s'arrachent leur barbe blanche, Eschyle montre les conséquences de la victoire jusque dans les temps futurs.

———

Heureux les peuples dont le génie s'éveille dans la victoire. Tout leur est facile. Les pensées et les formes heureuses, harmonieuses, naissent d'elles-mêmes dans leurs esprits. Une sérénité féconde les accompagne à chaque pas. Ils s'avancent au chant des hymnes. Mais ceux qui se réveillent dans la défaite, quelles difficultés ne trouvent-ils pas en chaque chose ! Ils sont contredits, quoi qu'ils fassent.

O Jupiter Libérateur ! donne-nous, à nous aussi, une journée de Salamine, ou de Platée, ou de

Mycale, contre les Barbares ; et nous aussi, nous enfanterons, sans douleur, dans la joie et dans la paix, des œuvres sereines, immortelles.

III

LE DRAME GREC.

La première action des Grecs dans la guerre médique fut d'appeler à eux toute la race grecque. Cet appel fut porté à Corcyre, en Sicile, en Italie, partout où se parlait la langue hellénique.

Il s'ensuivit que le sentiment de la race se révéla à tous les peuples grecs. Les poètes dramatiques se firent les interprètes de l'Unité de l'Hellade. Aucune des traditions populaires des tribus éparses de la Thessalie à la Sicile ne fut plus étrangère au poète d'Athènes ou d'Éléusis. Chacun d'eux se trouva au centre d'une multitude innombrable de traditions, où il n'eût qu'à puiser. Les sujets s'offraient d'eux-mêmes. De là, le nombre étonnant de tragédies que chaque écrivain produisait sans efforts. Il régnait sur un monde entier de traditions fécondes. Le poète était sorti des limites de sa ville et de son peuple. Depuis les guerres médiques, il était le chantre de toute la race. Le drame était inépuisable. Chaque tribu portait en elle sa tragédie. Toutes ces tragédies locales viennent retentir sur le théâtre d'Athènes. De là sa fécondité.

Ce n'est pas par hasard que les trois poètes tragiques se trouvent rattachés au nom de Salamine. Eschyle y combattait; Sophocle était du chœur de danse qui célébrait la victoire.

Euripide naissait, dit la légende, le jour même de la bataille.

Pourquoi cette rencontre, si ce n'est parce que les Grecs sentaient que la bataille de Salamine avait éveillé le génie tragique chez les trois grands poètes?

Supprimez en pensée l'accord de toute la race hellénique sur les champs de bataille, vous tarissez la source où ont puisé les poètes. Chacun ne voit plus que sa ville, sa tribu. L'horizon se resserre pour tous. Athènes ne s'intéresse plus aux fables d'Argos, ni Sparte à celles de Corinthe, ni la terre ferme à celle des îles. Que viendrait faire le vieil Œdipe à Athènes? Il appartient à Thèbes. C'est aux Thébains de le chanter.

On a vu que les Athéniens, dans les guerres médiques, ont eu plus que tous les autres le sentiment de la communauté de race entre tous les Hellènes. Ce même esprit qu'ils ont montré dans la guerre, ils l'ont montré dans l'art. Ils ont fait appel aux légendes de toutes les tribus; ils leur ont accordé droit de cité sur leur théâtre. Ils ont donné leur âme à tout ce qui dans le passé avait intéressé les Hellènes.

« Rien de ce qui est Hellène ne m'est étran-ger », pouvait dire tout poète d'Athènes.

IV

HÉRODOTE.

Dans ses premiers livres, Hérodote raconte à la manière du peuple. Il répète les derniers mots de sa phrase, ou du moins le sens. C'est ainsi qu'il passe d'une phrase à l'autre, en revenant sur ce qui précède immédiatement.

C'est là le premier style ou la *première manière* d'Hérodote. Un retour de la pensée qui se replie sur elle-même. Il avance, il recule comme la marée. Flux et reflux continu.

Mais à cette première manière en succède une seconde.

Vers la fin, le style d'Hérodote est tout autre. Hérodote s'éclaire, se mûrit, s'embellit, se fortifie de livre en livre. Comparez le neuvième livre au premier. Quelle différence! Les discours sont des échos de conversations vivantes.

Le récit se traînait en commençant. Il court, à Salamine, à Platée. Les harangues languissaient, elles se précipitent.

On a comparé Hérodote à Froissard.

Oui, il y a, en effet, du chroniqueur dans les débuts d'Hérodote; à la fin, il y a déjà du Thucydide.

Hérodote est de ceux qui se sont développés par leurs ouvrages. Sa raison grandit de livre en livre.

Au commencement, il n'est que légendaire (λογοποιός) à la fin, c'est un homme d'État, un stratège.

D'abord, il est tout Ionien, d'esprit et de langage; à mesure qu'il avance, il devient presque attique. Brièveté, précision, atticisme, le dialecte même.

Ses deux derniers livres sont une mine de patriotisme, d'héroïsme.

Les Athéniens y sont incomparables. Ils réalisent l'idéal de la patrie; et cette patrie est non pas une ville, un peuple, un État, mais une race entière, la race grecque.

Les Athéniens voient toujours la *race grecque;* les Lacédémoniens voient surtout le Péloponèse.

Les Lacédémoniens ont de l'habileté; ils ajournent; ils sont quelquefois bien près de livrer ceux qui ont tout perdu pour eux. Ils voudraient les jouer.

« Je n'en puis donner d'autre raison, dit Hérodote, si ce n'est qu'ils n'avaient plus besoin des Athéniens. »

Machiavel ou Montesquieu dirait-il mieux?

Je crois que la grandeur montrée par les Grecs dans les guerres médiques a été une des principales sources de l'inspiration des siècles qui ont suivi.

C'est une mine où n'ont cessé de puiser les générations.

Les tragiques surtout ont vécu de ces souvenirs de Salamine et de Platée.

L'enthousiasme de ces journées s'est perpétué dans la poésie grecque et même dans Aristophane.

La sagesse ordinaire disait qu'il fallait se soumettre aux Perses. Si elle l'eût emporté, c'était fait du Génie grec.

On peut voir que ceux des Hellènes, et ils sont nombreux, qui ont déserté l'Hellade pour les Perses, ont été à peu près perdus pour l'histoire; ils n'ont plus rien fait dans le monde. J'en excepte les Thébains, grâce à un grand homme, Épaminondas, qui, sa vie durant, les a ressucités; après quoi, ils sont promptement retombés dans l'inertie. Leur alliance avec les Barbares leur a ôté l'âme et l'esprit, ils n'ont pu s'en relever.

Rien de plus étrange que la tactique des Grecs à Salamine et à Platée. On ne voit pas de chef véritable. Chaque peuple est là à son rang de bataille.

Il n'y a qu'un mot d'ordre, l'Hellade, qui plane

sur tous. Cependant, on peut trouver aussi les traces des conseils de guerre comme dans l'*Iliade*; et les conseils sont obéis.

Les trois à quatre cent mille irréguliers de Macédoniens se ruent à Platée contre cent mille Hellènes. Ils couraient à la proie, ils se brisent contre les Lacédémoniens. Qu'était-ce que cette ordonnance par laquelle chaque Spartiate était entouré de sept ilotes? Cela ressemble encore à la tactique dans l'*Iliade*.

Pourtant, dans les récits de batailles, Hérodote n'imite en rien le langage homérique.

Il a déjà quelques-unes des formes précises des hommes de guerre. « En ce moment, dira-t-il, *les affaires changèrent.* » On voit qu'il a conversé avec les soldats et les chefs. Il a le ton, l'accent de l'événement.

Le génie naissant de l'histoire est tout entier dans Hérodote.

C'est le contraire dans Plutarque, en qui ce génie s'efface pour se perdre en anecdotes. Plutarque ne sait pas raconter. Sa phrase s'embarrasse, se complique d'accessoires étrangers; elle se perd dans cette complexité; elle se grossit démesurément; elle fait boule de neige, si bien qu'elle ne peut plus avancer. L'histoire se dérobe sous la phraséologie dans Plutarque. Elle vit, elle marche, elle se fait sentir en tout dans Hérodote, même lorsqu'il s'égare dans les légendes et les contes de fées des Thraces et des Thessaliens.

On suit un grand fleuve, qui, parti des régions de l'Asie les plus lointaines, cache ses origines, roule tout ce qu'il rencontre, s'égare, se perd en détours innombrables, et, tout chargé de souvenirs qu'il entraîne, vient paisiblement se précipiter sur l'imperceptible Hellade, qu'il ne peut manquer d'engloutir et d'effacer du nombre des choses humaines.

Ce spectacle, qui n'était d'abord qu'extraordinaire, devient sublime quand le faible se redresse contre le fort, le petit contre l'immense, l'Hellade contre l'Orient.

L'impartialité d'Hérodote touchait à l'indifférence; elle cède enfin à ce moment suprême. Cette main de marbre, qui, comme la destinée, acceptait également tout ce qui se rencontrait, palpite et se réchauffe d'un sentiment humain.

Je crois voir une grande statue, aux yeux impassibles, au front inexorable, qui, sur les confins de deux mondes, se lasse enfin de son immobilité ; elle s'anime, et elle prend un regard humain, ouvre ses lèvres de marbre, et d'un geste souverain, fait la différence du Grec et du Barbare. (Οἱ μεν δη Ἕλληνες καὶ οἱ Βάρβαροι).

A ce moment, je comprends ce qui a soutenu le père des historiens dans son œuvre; comment il a

pu s'enquérir sur les lieux de tout ce qui a laissé
un vestige dans le souvenir des hommes ; comment il a fait, lui aussi, son œuvre de Rhapsode ;
car il ne s'agissait pas pour lui de trouver ses documents rassemblés dans une bibliothèque ; c'est
dans la conversation des hommes qu'il a dû recueillir l'écho des choses passées. Voilà aussi
pourquoi sa langue a gardé la forme du récit populaire ; pourquoi il se met si fréquemment en
scène, en répétant qu'il s'est *informé* de ce qu'il
raconte. Ce long voyage de découvertes eût été
impossible, si Hérodote n'avait été soutenu par
le but qu'il entrevoyait et vers lequel il marchait
à travers mille détours, le choc de l'Asie et de
la Grèce, et à la fin la victoire, Salamine et
Platée.

Il part, au commencement de son récit, sans
plan réfléchi mais ces mots de Salamine, de
Platée, ces trophées, qui remplissaient alors les
esprits et qui devaient inspirer tant de générations, vivent dans sa pensée. Son premier mot
atteste la volonté de ne pas laisser tomber dans
l'oubli les grandes actions, les œuvres merveilleuses accomplies dans les guerres des *Hellènes*
et des *Barbares*. (Ἔργα μεγάλα τε καὶ δωυμαστά.)

Voilà la première parole ; et aussitôt, il semble
l'oublier. Il s'arrête à tous les objets qu'il rencontre ; temples, légendes, merveilles naturelles :

il prend plaisir à allonger ce récit, à gravir ces propylées de l'histoire universelle.

Il sait qu'elles conduisent à la victoire de la race hellénique; et la joie de toute une race d'hommes rayonne sur son histoire.

On vante la sérénité d'Hérodote! Comment lui aurait-elle manqué, à lui qui savait que tout le passé venait aboutir au triomphe du génie grec?

Il n'était pas un homme de race hellénique, qui, à ce moment, n'eût le sentiment de la gloire immortelle des guerres médiques. C'était là l'objet des conversations de tous. Comment ce sentiment aurait-il manqué au seul Hérodote? Cela était impossible.

Ce sentiment vivait en lui, et l'accompagnait partout, même dans les sujets qui y étaient le plus étrangers. La joie du monde grec victorieux rayonne, par Hérodote, jusque dans le fond des temples d'Égypte et de Perse.

Quelle douleur pouvait atteindre un Grec, en racontant les siècles passés, lorsqu'il savait que ces siècles aboutissaient au triomphe de la race grecque?

Hérodote s'est trouvé à ce moment même où tout était plein de cette félicité de la victoire. Il a pu donner à l'histoire une sérénité qui ne s'est jamais retrouvée dans le monde. J'imagine qu'il est facile d'être impartial envers des vaincus; quel motif d'irritation ou de colère un historien grec pouvait-il ressentir contre Darius ou Xerxès, ou Mardonius, qui avaient donné à sa race une si belle occasion de naître et de se produire dans le monde ? On ne sent aucune haine dans Hérodote, ni politique, ni religieuse. C'est une âme heureuse d'avoir à raconter des choses heureuses.

Je crois qu'une âme qui, en des temps agités, a besoin de retrouver l'équilibre, ne peut rien faire de mieux que de se replacer dans le rhythme des histoires d'Hérodote. Si cette âme est capable de s'y conformer un moment, elle y trouvera sa guérison. Nulle philosophie ne peut produire la paix que donne le spectacle des choses héroïques, impartialement réfléchi dans un esprit immortel.

Chez les hommes de nos jours le sentiment de la race produit la haine, ou au moins l'antipathie.

Dans Hérodote, rien de semblable.

Il n'y a pas un mot véhément contre les étrangers. Il se contente de les nommer *Barbares*.

Cette absence d'antipathies, ce grand, impartial regard jeté sur toutes les races humaines commence par étonner.

Mais dans cette impartialité, il y a une si grande curiosité d'esprit, un désir si persévérant de voir et de savoir le vrai, qu'on se sent le besoin de le partager.

Je veux bien qu'il y ait aussi le sentiment de l'enfant qui regarde avec le même sérieux le brin d'herbe et le chêne, le nain et le géant. Mais cette innocence de l'esprit qui s'éveille sur toutes choses, ne s'est vue qu'une fois. Hérodote regarde avec la même surprise le grand et le petit, un dieu et un lézard. Tout est grand pour lui, et il donne la grandeur à tout.

Quand on compare Froissard à Hérodote, il ne faut pas oublier que le premier n'a eu à raconter que des guerres affreuses, les défaites des hommes de sa race, les pilleries des routiers. Crécy et Azincourt, qu'y a-t-il là de commun avec Salamine, Platée et Mycale !

Au milieu de ces désastres, le chroniqueur de Valenciennes reste impassible ; il n'est que peintre ; il jouit des tueries ; il cherche la couleur, elle le console de tout.

Cela est le contraire d'Hérodote, qui projette sur son tableau la lumière des Thermopyles.

V

HÉROÏSME ET SAGESSE.

De notre temps, on établit une opposition absolue entre l'héroïsme et la sagesse. Le premier est folie, la seconde seule est raisonnable.

La supériorité des Grecs est d'avoir compris qu'il y a de la sagesse dans l'héroïsme, et de l'héroïsme dans la véritable sagesse.

Il était sage, il était raisonnable, il était sensé de combattre l'armée innombrable, invincible, des Mèdes et des Perses, quoique cela ait paru folie à Xerxès, maître de presque tout le genre humain! Quand Hérodote a fait défiler devant vous toutes les races humaines sur le pont qui relie l'Asie et l'Europe, il paraît déraisonnable d'opposer à ce déluge d'hommes quelques milliers de Grecs.

Avec les idées que l'on fait prédominer aujourd'hui, il faudrait rire de cet entêtement.

Et pourtant cette folie s'est trouvée sagesse.

Les Grecs, tant qu'ils ont été quelque chose,

ne s'en sont jamais guéris, et cette folie de Salamine, de Platée, de Mycale, a passé des hommes
d'action dans les hommes de pensée. Elle est
comme la substance et le fond de tous les esprits.
Elle est devenue l'âme de la Grèce aussi longtemps qu'elle a vécu.

Ce sage héroïsme, je le retrouve non pas seulement dans Léonidas aux Thermopyles, dans
Aristide et Thémistocle à Salamine, dans Pausanias à Platée, mais aussi dans les poètes, les
sculpteurs, les philosophes. Il revit dans Eschyle
et Sophocle, dans Pindare comme dans Phidias,
dans Platon comme dans Hérodote et Démosthènes.

Je retrouve l'âme des jours des Thermopyles
dans le *Prométhée* d'Eschyle.

Démosthènes est encore plein des guerres médiques. Le ton d'héroïsme auquel était monté
l'âme des combattants dans les guerres médiques,
à la veille des grandes journées, est resté le ton
dominant, et comme la région morale des écrivains des grands siècles.

Tous ont bu à la coupe des Hoplites de Sparte
et d'Athènes.

Voilà ce qui forme l'unité du génie grec dans
toutes ses œuvres. Le calme sourire de Léonidas
ou d'Aristide, au matin de la bataille, je le re-

trouve dans les dialogues de Platon, comme dans les figures du Parthénon. Une littérature entière, qui vit de l'héroïsme des ancêtres, une action immortelle, qui se renouvelle et se perpétue dans chaque œuvre; une philosophie qui, pour vaincre un problème, remonte à la région d'esprit qu'habitait le général au jour de la victoire, un artiste qui contemple les dieux avec le regard de Pausanias en invoquant Héra, au matin de Platée; telle est dans son essence la littérature grecque.

Née des guerres médiques, fille de la victoire, elle a des ailes comme la Victoire. Chaque peuple qui a pris part au bon combat de l'Hellade, en a été récompensé par un surcroît de génie.

La petite île de Milo a envoyé deux cents combattants à Salamine, deux trirèmes, ou plutôt deux pentécontores, chacune à cinquante rameurs; elle en a été récompensée dans l'avenir par sa Vénus victorieuse. Elle a certainement gardé quelques-uns des rayons de la Grèce à Marathon ou à Salamine.

Je ne puis voir la Vénus de Milo sans reconnaître la fierté d'une race qui émerge triomphante de l'abîme.

Peut-être le sculpteur n'a-t-il pas pensé à cela; mais, à coup sûr, sa Vénus a pensé et pense encore pour lui.

C'est pour cela que les hommes ne se lasseront

jamais des œuvres de l'Hellade, car, nulle part, en aucun temps, ils ne reverront un génie national émané tout entier de l'héroïsme, qui, partout ailleurs, n'a formé qu'un moment, un accident, une lueur dans la vie humaine.

Les Grecs ont cessé d'être eux-mêmes lorsqu'ils ont séparé, comme inconciliables, l'héroïsme et la sagesse. Ce jour-là, de Grecs ils sont devenus Byzantins.

Dans toute la philosophie de Platon revit l'âme généreuse, enthousiaste, des guerres médiques.

Si l'on avait pu converser avec les chefs de l'armée spartiate ou athénienne, sous leur tente, à la veille des grands jours, on aurait trouvé la tranquillité d'âme, l'équilibre d'esprit, la bonne humeur, la joie secrète des grands artistes grecs, au moment d'entreprendre leurs œuvres.

Car une grande œuvre d'art à accomplir est aussi une bataille à livrer. Les plus belles sont celles où l'homme a été le plus maître de lui.

Je me suis demandé ce qui nous subjugue dans la littérature des beaux temps de la langue grecque. Est-ce seulement la curiosité, le plaisir de la difficulté vaincue dans la restitution d'une langue morte?

Non; rien de cela ne suffit pour expliquer cette merveille.

Ce qui nous subjugue, c'est l'accent d'une âme

héroïque, écho des grands jours de Salamine et de Platée.

On respire le souffle de ces journées dans toutes les grandes œuvres des Grecs, poètes, prosateurs ou sculpteurs des temps classiques.

On pourrait marquer la puissance du génie grec, suivant que cet écho a été ou plus fort ou plus faible. Il a encore toute son énergie dans Aristophane.

Il languit déjà dans Xénophon. Malgré des tableaux militaires admirables dans la retraite des Dix Mille, l'âme commence à baisser dans les *Helléniques*.

L'écho des guerres médiques existe à peine dans Plutarque,

Il achève de disparaître chez les Alexandrins.

Enfin, avec la Décadence, l'âme se brise. Elle ne songe plus qu'à s'amuser, ou à se bercer dans le mysticisme.

VI

UNITÉ DE LA RACE.

Il sera toujours extraordinaire que tant de peuples différents, sous des gouvernements étrangers les uns aux autres, sans autre lien que la langue, la parenté d'origine et à peine les dieux, se soient trouvés à point nommé en ligne, à leur rang de bataille, pour couvrir non un État, non un prince, mais la race, l'Hellade. Car il n'y avait pas de confédération établie, pas de traité. Rien qui pût ressembler à un gouvernement central.

Au contraire, des villes divisées, rivales ; des dialectes séparés, et au moment du danger, à l'appel du héraut, toute désunion cesse, on se concentre.

De ces peuples se forme une seule armée, de plus de cent mille hommes effectifs, qui n'a qu'un esprit. Jamais la puissance de la race ne s'est montrée à ce degré dans l'espèce humaine.

Malgé cela, il restait plus de cinquante mille Grecs dans l'armée de Xerxès.

Beaucoup l'avaient suivi par force, tels que les habitants des îles, les Thessaliens.

Mais les Béotiens, ceux de Thèbes, ceux d'Argos, qui les a poussés à déserter si vite la cause de leur race?

La plupart se crurent habiles; ils se rangèrent d'avance du côté du plus fort, des plus gros bataillons.

D'autres furent poussés par l'envie contre Athènes; tous furent punis de leur fausse sagesse par la décadence précoce. Branches mortes tombées de l'arbre avant le temps.

Peut-être la sottise des Béotiens n'a-t-elle été que le nom de cette fausse sagesse.

VII

DES ORACLES.

On ne peut pas même dire que la religion officielle ait soutenu la Grèce.

Les dieux, au moins, ont-ils ouvertement com-
battu pour les Grecs? Dans l'imagination populaire, ils ont soutenu l'Hellade. Mais, dans la religion officielle, dans les oracles, ils sont restés
neutres et équivoques.

Il a fallu toute la subtilité de Thémistocle pour
interpréter dans le sens héroïque une réponse am-
biguë de la Pythie.

Ceux qui l'ont prise à la lettre sont restés dans
l'Acropole, à la merci des Perses.

Jamais un mot d'ordre intrépide, éclatant, une
parole de salut, ne sont sortis de Delphes. Évidemment l'oracle se ménageait pour le dénouement
quel qu'il fût. C'est l'imagination populaire qui a
forcé le dieu de parler dans le sens national.

Xerxès sacrifiait, au besoin, selon le rite grec.
Le dieu, par l'oracle, avait un pied dans chaque
camp. Ce sont les héros, en Grèce, qui sont sortis

de l'équivoque. Le dieu de Delphes et sa prêtresse y sont restés jusqu'au bout.

Jamais l'appel pressant de la nationalité n'a arraché à la Pythie un mot décisif.

Ne pas se compromettre avec le vainqueur, tel est le dernier mot de la sagesse sacerdotale.

La terre a beau trembler autour d'elle, sous les pas des Mèdes et des Perses, elle ne sortira pas du langage rusé de l'énigme.

A ce point de vue, c'est l'homme seul qui s'est affranchi en Grèce, par sa main. Le dieu rituel du prêtre n'y a été pour rien. Voilà, en un mot, tout l'héroïsme.

VIII

HÉROÏSME DANS LA VIE ET DANS L'ART.

Pouvez-vous croire que si les Grecs eussent été vaincus par les Perses et les Mèdes, leurs œuvres auraient malgré tout cette noblesse, cette fierté, cette grandeur souveraine qui accompagne la victoire? Je crois, au contraire, que le joug aurait laissé ses traces sur les fronts magnanimes mêmes des dieux.

Je crois que le Jupiter de Phidias eût été moins olympien, s'il avait dû courber la tête devant les dieux de Darius et de Xerxès.

Il aurait eu peine à se relever jusqu'aux nues.

Peut-on se figurer que si Athènes avait capitulé, comme le voulaient ses oligarques, si elle avait accepté les conditions de Mardonius, si elle avait trahi l'Hellade, peut-on se figurer que la Pallas-Athéné de Phidias aurait eu la même majesté, qu'elle aurait couvert de son égide, avec la même assurance, la terre étendue à ses pieds?

Non, tout le génie de Phidias n'aurait pu donner la fierté de la toute-puissance, la virginité sacrée à une Pallas vaincue, esclave d'Ormuzd ou d'Ahriman. Je ne crois pas même que les chevaux du Parthénon auraient eu la tête si droite et qu'ils se fussent élancés avec tant d'orgueil et de vie sur les frises, s'ils avaient senti le fouet des Mèdes.

Dans ce lutteur qui se précipite, il n'y a pas seulement l'ardeur d'un homme qui dispute le prix du pugilat. Ce n'est pas un jeu. Il y a encore le combattant qui prend au sérieux le combat.

Tel il devait être au premier rang à Marathon ou aux Thermopyles ou à Platée.

J'ai passé autrefois de longs jours à lire Hérodote et Sophocle dans les eaux de Salamine. La mer me jeta dans un caïque, sur la petite île de Psyttalie, qui occupait le centre de la bataille. C'est là qu'Aristide enveloppa et détruisit les Perses qui y étaient réunis.

Un regret qui m'a poursuivi depuis ce temps-là, c'est de n'avoir pu visiter aussi le champ de bataille de Platée, qui a si grandement achevé Salamine.

S'il m'était donné de réaliser un rêve, ce serait de voir les pentes du Cithéron, les bords de l'Asope, la fontaine de Gargaphie, la petite île d'Œroë, puisqu'il n'est pas de lieux plus sacrés, dans la mémoire des hommes, pour quiconque s'intéresse à la victoire de la civilisation sur la barbarie.

Je voudrais faire un dessin graphique du défilé de la *Tête-du-Chêne*. Je reconnaîtrais surtout le pied du Cithéron, le ruisseau de Moloéis, s'il existe encore. Je ne laisserais pas un point de l'horizon sans l'orienter et le comparer avec ce qu'il était autrefois. Je tenterais même de faire la géologie de Platée.

Voilà ce que je ferais, si j'étais le maître de mon sort. Ne pouvant y songer, je veux au moins rassembler ici les vues, les idées que je porterais dans ces lieux, dont j'ai été si près, et que j'ai si peu d'espérance de visiter jamais.

La principale de ces idées, celle qui comprend toutes les autres, c'est que personne n'a montré à mon gré l'action des guerres médiques sur l'éducation, le tempérament, le caractère continu du génie grec.

On a raconté ces histoires, mais on n'a pas montré comment, dans cette lutte première, ont été trempées la civilisation et l'âme de l'Hellade.

Nul, que je sache, n'a dit à quel point l'esprit des écrivains et des artistes s'est formé de ce pur rayon de gloire, de cette inspiration première, qui a jailli du front des combattants à Salamine et à Platée. C'est là une flamme qui s'est répandue sur les générations à venir et s'est prolongée dans les esprits, dans les pensées, dans les œuvres, tant qu'il y a eu une Grèce.

Voilà ce que je voudrais rendre évident en écrivant les pages qui suivent.

Car n'espérez pas avoir jamais le secret du génie grec, si vous n'y faites pas entrer ce que je vais dire :

L'héroïsme dans la vie et dans l'art, voilà la Grèce.

Mais cet héroïsme, non fabuleux, tout réel, où en est la source? D'où vient-il? Qui l'a montré aux yeux? Qui l'a raconté et constaté en traits formels et positifs? Qui en a écrit non le poème, mais l'histoire? C'est Hérodote.

Je vais le suivre.

IX

PINDARE.

Il y a un grand poète, un des plus extraordinaires, qui échappe à cette loi, c'est Pindare. Par là aussi s'explique une des obscurités de Pindare.

Il était déjà à la moitié de sa vie au temps des guerres médiques ; il a vu l'invasion des Barbares, et pourtant il n'y fait aucune allusion. Il ne les célèbre nulle part ; il semble dire aussi :

Ton nom jamais n'attristera mes vers.

Comment cela se peut-il? Est-ce qu'il n'a gardé aucune impression de cette époque qui devait tout renouveler autour de lui?

Je ne puis m'arrêter à cette idée. Je crois voir que le silence de Pindare tient à une autre cause. Sa ville chérie, Thèbes, avait déserté l'Hellade, elle avait fait cause commune avec les Barbares. Le poète thébain s'est imposé de ne rappeler par aucun mot les victoires qui attestent la trahison de Thèbes. Et qui n'aime mieux ce silence volontaire que les subtilités dont un homme de déca-

dence n'eût pas manqué de se couvrir? Pindare
se tait sur les choses immortelles dont il a été le
témoin. Il n'en parlera pas; et ce silence aura sa
grandeur.

Il s'est interdit cette source sacrée, ne prononçant pas même le nom de Salamine ou de Platée.
Par là, il a dû se renfermer dans le monde my-
thologique des demi-dieux. Il a fermé volontairement les yeux au spectacle des guerres de son
temps. Il s'est fait un monde archaïque où il
semble vivre et respirer seul avec les Hercule et
les Thésée, sans vouloir connaître les Léonidas et
les Aristide. Cela lui donne un caractère étrange,
unique entre tous les poètes de son époque. Cet
éloignement volontaire fait de lui le chantre des
siècles primitifs, anté-homériques. Au milieu de
l'âge classique, historique, il semble rentrer seul
dans l'âge des héros fabuleux, centaures et mi-
notaures.

Cependant, si je l'examine de plus près, je vois
que, malgré lui, Pindare est l'homme de son
temps. Par respect pour Thèbes, il ne parle pas
des guerres médiques, mais il en a le souffle, je
veux dire l'esprit de race. On voit qu'en se re-
fusant à rappeler ces guerres, il en a reçu pourtant quelque chose; c'est le sentiment général de
la nationalité, c'est l'Hellade[1].

<hr>

[1] Ce mot ne s'appliquait d'abord qu'à la Thessalie, dans Homère.

Voilà le mot sacré qui a surgi des guerres médiques et qui a passé dans les odes de Pindare. Sans prononcer le nom des batailles ou des stratéges de la guerre de l'indépendance, il a recueilli ce qui en était l'âme. L'idée de la communauté du monde grec, qui s'est révélé dans ces batailles, a passé dans les vers de Pindare, alors même qu'il se refuse d'en prononcer le nom. Il en porte le drapeau : Ἐπιφανέστερον Ἑλλάδι πυθέσθαι.

Entre Homère et Pindare il y a l'Hellade.

Pour Homère l'Hellade n'était qu'un coin de la Thessalie. Vers les guerres médiques l'Hellade est formée. C'est la race entière des Grecs; et ce sens est celui que Pindare donne à ce mot, contrairement aux temps primitifs.

Quoique Pindare ne prononce pas le nom de Salamine et de Platée, je sens l'enthousiasme de ces jours dans chacune de ses odes. Un enthousiasme qui n'ose se montrer pour le présent et qui va chercher la haute antiquité pour éclater et déborder à l'aise, voilà Pindare.

Il est impossible de comprendre Pindare si l'on ne se représente pas la musique, les accords qui faisaient la liaison, la transition des paroles. Sous les vastes épithètes, j'entends malgré moi les cordes vibrantes qui y plaquaient leurs accords et en prolongeaient l'écho.

Le mode Ionien ou Lydien devait marquer

aussi beaucoup de choses que les paroles ne pouvaient démontrer.

Le ravissement d'une symphonie peut seule donner l'idée de l'effet de Pindare dans sa langue. Il nous jette hors de nous, comme une symphonie de Beethoven.

Si Pindare nomme Marathon, ce n'est pas pour la bataille de Miltiade, c'est pour une coupe d'argent, prix de la course, ou du disque, dans les jeux d'athlètes, à la fête d'Hercule.

Pour avoir loué l'Athènes du temps de Thésée, Pindare excita la jalousie de Thèbes, qui lui ôta le droit de cité. Que serait-il donc arrivé, s'il eût vanté l'Athènes du temps de Thémistocle et rappelé la trahison de l'oligarchie de Thèbes?

Pindare fait allusion à la bataille de Salamine pour louer Égine, mais soudain il s'interrompt; il en a déjà trop dit. « Car, dit-il, les victoires des athlètes et leurs combats, ma lyre peut les célébrer sans crainte. »

Quel aveu! et quelle clarté sur tout le reste[1]! Comment ne l'a-t-on pas vu?

En lisant Pindare, je ne puis m'empêcher de penser qu'il a vécu dans le temps même où toute la terre grecque retentissait de longs cris d'enthousiasme sur ses victoires. Je soutiens que ce cri de la terre a passé dans les Odes de Pindare,

[1] *Isthmiques*, V.

et que c'est là la vraie cause de ce délire sacré qui le possède. Il n'était pas seul sur le trépied; toute la Grèce y était avec lui. De chaque lieu, de chaque bouche, sortait le cri : Victoire!

Comment ce même mot, Victoire, n'aurait-il pas couronné chaque strophe de Pindare? Il assistait à cet enthousiasme et il ne pouvait en parler. S'il lui arrive de faire une allusion à la bataille de Salamine, il s'arrête aussitôt. Il se rappelle la jalousie de Thèbes au bouclier d'or. Mais ce silence n'en est que plus frappant. L'âme des victoires de Salamine, de Platée, a passé dans ses vers, lors même qu'il s'abstient de les nommer.

Écoutez attentivement; vous entendrez la voix de tout le peuple Hellénique, plein de ses triomphes dans l'ode à un vainqueur du disque ou du pancrace. C'est cet accompagnement continu de la voix de la terre Hellénique triomphante qui fait un des enchantements de Pindare.

Sans cet accord, n'espérez pas comprendre le poëte. Tout reste mystère, obscurité chez lui.

Rien ne peut éteindre Pindare; il survit dans la traduction la plus imparfaite, comme à travers le texte le plus altéré. L'âme du poëte perce tout, éclaire tout.

C'est une flamme qu'aucune obscurité de paroles n'étouffe.

Qui le croirait? c'est après la victoire de Salamine qu'il se montre un moment *accablé de dou-leur* : Καὶ ἐγὼ καίπερ ἀχνύμενος [1].

C'est la première impression ; puis il pense au *rocher de Tantale* qui avait pesé sur la Grèce (Ἑλλάδι) et il se prend à espérer ; mais aussitôt, comme s'il en avait trop dit, il efface ses traces et remonte d'un bond aux guerres mythologiques. Thèbes ne pourra l'accuser, et l'Hellade aura été glorifiée du moins par ses vers : Ἀτόλματον Ἑλλάδι μόχθον [2].

Il fait honneur au dieu de la délivrance de la Grèce. Il ne nomme personne ; par piété pour Thèbes, il oubliera le nom de Salamine.

Il y avait beaucoup de choses et des plus graves, que Pindare avait dans le cœur et qu'il ne pouvait dire. Il le déclare lui-même.

Comment n'a-t-on pas vu que ce sentiment caché, refoulé, concentré des victoires de son temps, est au fond de toute son œuvre, et ne se trahit que par hasard, par intervalles. L'âme de son époque vit tout entière dans ses Odes, et elle y est transportée dans un autre âge. Elle n'en résonne qu'avec plus de puissance.

Je crois entendre l'écho des guerres contemporaines médiques, qui va remplir les cavernes des lions et des centaures de l'âge d'airain.

[1] *Isthmiques*, VIII.
[2] *Ibid.*

Quels effets prodigieux naissent de ce renversement d'accords ! Ce sont les demi-dieux et les Titans du monde naissant qui prennent l'âme des combattants de Salamine et de Platée.

Aussi la joie des forts, des invincibles, circule-t-elle à pleins bords dans chaque strophe de Pindare.

Si l'âme d'un peuple en fête a jamais été renfermée dans un monument, c'est dans chacune des Odes Olympiques, Néméennes ou Isthmiques. Elles font de vous un héros pendant que vous les lisez. C'est une fête, qu'aucune tristesse, aucune défaillance du monde ne vaincra jamais. Goûtez à ce breuvage des forts, vous en vivrez. C'est l'âme de l'Hellade en un jour d'héroïsme.

Tout l'art grec classique est né dans ce jour de triomphe. Il porte au front le même rayon de Salamine. Il repose sur les mêmes assises inébranlables d'or et de diamant que les Dithyrambes de Pindare et les Histoires d'Hérodote. Ces assisses sont le sentiment des victoires de la race grecque contre les Barbares.

X

ALCIBIADE.

Les louanges n'ont pas manqué de nos jours à Alcibiade. Pourquoi? Il a été un des premiers en qui a péri le sentiment de la nationalité de l'Hellade, précurseur, initiateur des hommes de décadence, type idéal de ceux qui n'ont plus de patrie. La grâce, dans Alcibiade, tient lieu de toute vertu. Il est aimable; nous lui passons d'être odieux.

C'est le don Juan politique de l'antiquité. L'endurcissement de don Juan dans la dernière scène, c'est l'histoire d'Alcibiade, nature démoniaque s'il en fut, couronné de roses et de serpents. Ne soyons pas dupes des grâces de l'enfer.

Il épouse Athènes et la trahit pour Sparte, qu'il trahit pour le grand roi. Il conseille à Tisapherne de briser les Lacédémoniens par les Athéniens, et ceux-ci par ceux-là, de manière à extirper la société grecque.

Au fond de ces grâces, de ces talents, de cette puissance, que reste-t-il? Le séducteur de tout un peuple. Que lui manque-t-il pour séduire aussi notre temps?

Il est le prédécesseur de ceux qui ont livré la Grèce aux Macédoniens, les Macédoniens aux Romains. Il a la beauté des esprits infernaux.

On l'a comparé à Machiavel; quelle différence! Machiavel a gardé la nationalité, il veut faire une Italie.

Alcibiade ne tient à rien qu'à Alcibiade. Il ne veut faire ni une Hellade, ni un Orient. C'est le vide souriant où s'abîmera le monde antique.

Dans ce vide, point de vertige. La froide raison, le calcul.

Il fait décider l'expédition de Sicile, qui devait perdre Athènes.

Dès qu'Athènes baisse, il la livre. Il a l'esprit pratique.

Regardons bien. Au fond de cette politique, la trahison est restée. Où est la grâce?

La vérité échappe à Plutarque dans un dernier mot qu'il n'a pu retenir : « Alcibiade, dit-il, est l'homme qui a le plus méprisé le bien et le beau : Ὀλιγώτατω τοῦ καλοῦ. »

XI

DÉMOSTHÈNES.

Démosthènes est encore tout plein des guerres médiques. Il a gardé l'accent, le ton de commandement d'un stratége naval ; il jette encore le cri de Salamine ou de Mycale.

Chose plus importante, c'est l'esprit même des générations contemporaines de Thémistocle qu'il porte en lui. Pendant que ses adversaires politiques ont fait un pas dans la décadence et que les petits calculs les envahissent, Démosthènes se retranche dans la sagesse héroïque des temps des Thermopyles et de Platée. Il parle avec l'autorité de la grande époque qui a fait l'Hellade. Il ne sait ce que c'est que capituler. Il ne mesure les forces de l'ennemi que pour le mieux combattre, non pour lui céder. La résolution que les ancêtres ont montrée contre Darius, il veut que ses contemporains la montrent contre Philippe. Pourquoi non ?

Les armées innombrables des premiers n'ont pas fait tomber les armes des mains des Grecs à Marathon. Pourquoi celles de Philippe pourraient-elles ce que n'ont pu celles de Darius ou de Xerxès?

Anachronisme! dites-vous. Il ne s'agit plus des Grecs de Marathon ou de Platée. Oui, sans doute. Mais c'est cet anachronisme qui fera vivre à jamais Démosthènes. Car il domine ses contemporains. Il leur parle du haut d'un autre âge; il les retient sur la pente de la décadence.

Il veut donner à une génération défaillante l'âme des générations passées, encore dans toute leur grandeur.

Quand je compare Eschine et Démosthènes, je vois dans le premier un homme de plain-pied avec tous les petits calculs de son temps, et dans le second un homme qui les domine et se rattache aux héros.

Voilà la vraie grandeur de Démosthènes. Il n'a pu changer le tempérament de son époque, ni ranger en bataille de nouveau l'Hellade dans une autre Platée.

Mais il a fait pour cela tout ce qui était à faire. En vain dira-t-on qu'il eût été plus pratique de se courber en silence. Cette sagesse ne prévaudra jamais dans les grandes affaires humaines, et encore aujourd'hui, il est bon qu'Athènes n'ait pas mis tant de hâte à se donner au roi de Macédoine.

Démosthènes est le dernier qui ait fait appel à l'Hellade. Après lui, ce nom ne sera plus prononcé. C'est le dernier écho des grands jours. Il s'est obstiné à espérer, à vouloir; il a évoqué l'esprit de l'Hellade. Cet esprit n'a répondu que dans Athènes, et comme au sortir d'un long sommeil.

XII

Aussi, après Démosthènes, quel silence ! quelle stérilité !... L'histoire même nous échappe en partie.

Quinze ans après ce grand effort, Démétrius, le fils d'Antigonus, l'un des généraux d'Alexandre, arrive avec une flotte à Athènes.

Que reste-t-il de l'Athènes réveillée un moment par Démosthènes? Athènes, à la vue d'un général macédonien, se donne à lui. Et c'est ce que Plutarque appelle : recevoir la liberté.

Cela ne suffit pas. Athènes pense qu'il est habile de faire de Démétrius son roi; elle lui donne la royauté.

C'est trop peu encore; il serait plus habile de le faire dieu ; elle le fait dieu. Mais ce mot est encore trop modeste; il faut dire dieu-sauveur.

Démétrius est déclaré, ainsi que son père, dieu-sauveur, et les images de ces divinités sont placées à côté de celles de Pallas-Athéné.

Mais, dans ce chemin il ne faut pas s'arrêter.

Un sage, un habile d'Athènes propose de déclarer que Démétrius est l'oracle, qu'il faut s'adresser en toute matière à lui comme à Apollon Pythien !

Et tout cela, accepté, proclamé, dans l'Agora, quinze ans après les Philippiques !

Mesurez l'intervalle de pensée de Démosthènes à Plutarque ! La distance entre eux est incalculable. Dans Plutarque, le sentiment de la race grecque a disparu; ce n'est plus l'histoire d'une nation; ce sont quelques individus détachés, comme des rameaux de la souche commune. Ils sont là épars, sans aucun lien qui les rassemble; et pour mieux marquer que l'esprit de race a disparu, chacun des grands hommes grecs se trouve associé capricieusement à un Romain; et ces groupes, formés presque au hasard, disent assez que le monde grec n'est plus que poussière.

De cette poussière, Plutarque se fait une argile pour en pétrir quelques statues auxquelles il ôte leur caractère, leur nationalité, en les unissant à des hommes d'une autre race, souvent d'un autre temps. Œuvre de fantaisie qui trouble les souvenirs, et met à la place de l'histoire vivante, le caprice.

Remarquez une chose bien plus étrange. Toutes les fois que Plutarque voit la Grèce changer de maître, il appelle cela retrouver la liberté.

Les Romains viennent les premiers après les Macédoniens ; ils font la conquête de la Grèce entière.

Plutarque acclame ces sauveurs. Il suffit à Titus Flaminius de dire, par une politique raffinée, qu'il vient donner à la Grèce la liberté. La Grèce le croit, et, dans ses fêtes, elle acclame ces sauveurs, qui veulent bien substituer leur joug à l'ancien joug macédonien.

Je consens bien à comprendre cette illusion, ces espérances de la part de la foule. Ces hommes ont tant souffert ! Ils ont été si longtemps écrasés par les successeurs d'Alexandre. Ils ne savent pas ce qu'il y a d'artifice dans le langage des Romains ; ils veulent espérer à tout prix. Je le conçois. Mais deux siècles plus tard, que dire de Plutarque ? Il n'a aucune des excuses des adulateurs de Titus Flaminius. Il a vu ce qu'est devenue la conquête de la Grèce par les Romains. Il sait qu'Athènes a été mise à feu et à sang par Sylla, Corinthe par Mummius, la Béotie, sa patrie, par ce même Sylla ; il sait qu'une heure a suffi pour faire en Épire cent cinquante mille esclaves de race grecque ; il sait surtout que, sous l'invasion romaine, la nationalité grecque a été extirpée ; que les poètes, les orateurs, ont disparu ; qu'un silence de mort s'est fait dans cette Grèce, qui avait été si longtemps l'orgueil et la joie de l'espèce humaine.

Il sait tout cela, et il n'en répète qu'avec plus d'assurance que les Romains de Titus Flaminius sont venus généreusement donner la liberté à la Grèce. Il l'avait déjà dit de Paul-Émile ; il le répètera pour tous les Romains qui se donneront la peine de fouler la race grecque.

N'est-ce pas là un singulier vertige ? ou n'est-ce qu'une habitude de flatterie pour les vainqueurs ?

Comme cette liberté ainsi accordée en paroles, et écrasée en réalité, a toujours besoin d'être sauvée, il se trouve à la fin que, pour Plutarque, le sauveur des sauveurs est Néron. Car son contemporain Néron a paru dans les Jeux isthmiques ; il y a disputé le prix du chant, comme un simple rival de Pindare ; et par reconnaissance pour ceux qui l'ont couronné, il a encore une fois, lui aussi, donné la liberté à la Grèce !

C'est Plutarque qui l'assure, comme témoin contemporain !

Et quelle nation, en effet, peut être plus libre que celle à qui les Néron, les maîtres et les ravageurs, promettent, foi du serment, la liberté.

Je cherche comment des gens si avisés que les Grecs ont si vite roulé dans le gouffre ; comment l'esclavage, sous une autre race, s'est appelé si facilement l'indépendance. Et voici ce que je trouve :

Nous n'avons pas l'histoire de ce changement d'esprit ; les éléments nous manquent pour la retrouver en des documents certains. C'est un de ces cas où nous devons reconstruire l'histoire morale d'une race d'hommes ; et où la retrouverons-nous, cette histoire ? Dans la nôtre.

De Démosthènes à Plutarque, il s'est fait un grand silence dans le monde grec. Pourtant, dans l'Attique et le Péloponèse, les hommes continuaient de parler, sinon à la tribune, au moins dans les marchés et les écoles. Que disaient-ils ? Chaque ville avait son sophiste. On l'écoutait. C'est ce long travail du sophisme que je voudrais retrouver, car c'est lui qui entamait jour par jour l'esprit grec, et qui l'a mis en poussière[1].

Je pense que l'on a dû s'acharner dans les premiers temps contre Démosthènes, et il a fallu commencer par le déshonorer.

C'est ce que l'on a fait, en lui reprochant d'avoir fui à Chéronée ; comme s'il pouvait rester seul à son rang de bataille quand l'armée était dispersée.

Cette première invective a dû remplir les conversations des Athéniens convertis à la défaite, et Plutarque n'a pas manqué de ramasser ces

[1] Où sont les cent mille hommes de Platée!

médisances, si bien qu'elles ont traversé les siècles jusqu'à nos jours.

Après ce premier pas, ...

FIN

VIE ET MORT DU GÉNIE GREC

NOTES

DE

Mᵐᵉ EDGAR QUINET

VIE ET MORT DU GÉNIE GREC

NOTES

PLAN DE L'OUVRAGE

« Où me réfugier pour ne pas voir ce que je vois, pour ne pas entendre ce que j'entends? Je me réfugierai sur un roc inaccessible, le monde Grec. J'en montrerai la formation dans l'âge classique. »

Premières lignes de l'œuvre où s'est concentrée la dernière pensée d'Edgar Quinet, le dernier battement de son cœur. Elles expliquent pourquoi il a choisi ce grand sujet, de préférence à d'autres plus intimes et plus doux.

En janvier 1875, trois ouvrages l'attiraient avec une force égale : ses *Mémoires*, suite de l'*Histoire de mes Idées*, que tous ses amis réclamaient, *Vie et Mort du Génie Grec*, dont nous publions ici le fragment inédit et l'*Histoire de la Proscription*.

Il a choisi « le roc inaccessible au découragement, le refuge assuré à toute âme qui, en des temps agités, a besoin de retrouver l'équilibre. »

Écrites d'une haleine le 19 et le 20 mars, ces pages sont interrompues, le lendemain, par la maladie. Samedi, 20 mars, il trace les derniers mots qui nous restent de sa main. A une heure, il dépose cette plume qui, pendant cinquante ans, n'a jamais servi que la vérité, la patrie, la liberté. Six jours après, ce grand cœur, ce grand esprit était enlevé à la France, qu'il a si passionnément aimée.

Quelle douleur pour lui d'interrompre sa tâche ! Avec quel amour il y travaillait ! Ce devait être un livre de paix, un monument élevé à l'esprit humain, la plus haute ambition du penseur, de l'artiste. Oui, il avait l'ambition sacrée de dépasser, comme œuvre d'art, l'*Esprit nouveau*, et de « mériter tout le bien qu'on en a dit. »

Peu de jours avant, il écrivait à un ami [1] :

« Savez-vous quel sentiment je trouve en moi ? Le désir de mériter de telles paroles, le serment intérieur de tout faire pour les réaliser, le devoir

---

[1] Après le compte rendu de la *Revue politique et littéraire* sur *L'Esprit nouveau*.

de ne pas rester où j'en suis, de marcher, d'avancer, de ne pas m'arrêter.

« Oui je me reprocherais désormais tout ce qui n'est pas un progrès vers la lumière. Il ne m'est pas permis de perdre un seul instant. »

Son dernier travail s'inspire de deux pensées : le Génie hellénique et la France.

Que ne puis-je esquisser au moins le plan de l'ouvrage, tel que je l'ai aperçu dans des entretiens trop courts, trop rapides ! L'Assemblée nationale, à Versailles dévorait son temps ; les plus graves soucis agitaient son esprit.

Par moments, quand ses appréhensions patriotiques devenaient trop vives, il s'écriait en souriant : Parlons d'Hérodote !

C'était devenu un mot d'ordre.

Pour maintenir dans son âme la sérénité et l'espérance, il s'absorbait dans l'historien immortel qui avait eu le bonheur de raconter Salamine et Platée. Ces deux grandes journées rayonnaient encore pour lui au-dessus de nos défaites et illuminaient le plus lointain avenir. La victoire du Génie hellénique soutenait son cœur très haut et devait être éternellement féconde, car il méditait une œuvre qui rattachait harmonieusement les destinées futures de notre France au triomphe de la civilisation d'Athènes.

Lorsqu'il m'en parla pour la dernière fois, ce fut avec un accent extraordinaire. Lui, toujours maître de sa physionomie et de ses sentiments, il ne pouvait les dominer à la pensée de la patrie sauvée, délivrée. L'éloquence, l'enthousiasme de cet entretien m'annonçaient une œuvre bénie, mais aussi tout un monde de préoccupations.

Hélas ! je me rappelle moins ses paroles textuelles que l'émotion avec laquelle il abordait ce grand sujet.

Les agitations politiques, la fièvre qui le minait déjà, à son insu, ébranlèrent chez lui, dans les derniers temps, cet imperturbable calme de la force. Car jamais âme ne sut mieux se maîtriser en toute circonstance et conserver cette paix intérieure qui donnait à sa physionomie, à sa parole, tant de sérénité.

En parlant d'héroïsme antique, les larmes voilaient ses yeux, sa voix. Il lui était impossible de prononcer de sang-froid les noms de Salamine et de Platée. Certains discours vraiment sublimes d'Hérodote le remuaient si profondément qu'il s'écria d'une voix étouffée en se couvrant le visage de ses mains : « Non, je ne puis achever. »

Surprise, inquiète, je l'écoutais, tantôt heureuse de ses projets, tantôt alarmée en voyant une telle dépense de forces dans les rares moments consacrés au repos.

Cette sourde appréhension m'ôtait le recueillement, la concentration d'esprit avec lesquels j'écoutais habituellement les pensées qu'il m'a confiées pendant vingt-quatre ans.

Il ne lisait presque plus que des textes grecs, Ce fut sa principale lecture tout le mois de janvier. On lui avait prêté de la bibliothèque du palais Bourbon les deux volumes édités par Kreutzer. Un jour il me dit : « Je suis désolé d'avoir terminé mon Hérodote. Quel livre le remplacera ? » Et il en avait tant de regrets, que ne pouvant se résoudre à s'en séparer, il se réduisit à lire jusqu'aux commentaires des grammairiens d'Alexandrie, qui n'aimaient pas Hérodote, disait-il.

Ce même jour il commença à prendre des notes.

Je croyais son travail plus avancé, tant ses conversations étaient riches, abondantes de faits et de réflexions. Malheureusement il en fut détourné toute la semaine par les discussions des lois constitutionnelles et par le pronunciamiento d'Espagne. Et maintes pages sur la politique versaillaise remplirent le cahier destiné au Génie grec.

Il avait une hâte extrême d'achever ce nouveau livre. Débordé par le temps, par les occupations, même le soir, en rentrant de l'Assemblée, il ébau-

chait au crayon les pensées tumultueuses qui
jaillissaient de son cœur; ces notes, il les développait
le lendemain. Lui, dont la sagesse savait
refréner jusqu'à l'ardeur du travail, cette fois la
passion l'emporta; le 20 mars il écrivit toute la
matinée et d'un trait les quatre chapitres sur Pindare,
Alcibiade, Démosthènes et Plutarque.

Il y mit une telle fougue, qu'en entrant dans
sa chambre, je lui trouvai la voix complétement
éteinte. Il me répondit en souriant : « Oui, je
crois avoir trop travaillé aujourd'hui. »

Et il s'arrêta à la ligne commencée : *Après ce
premier pas.....*

Son procédé de travail était celui-ci : Il couvait
très longtemps sa pensée; elle se développait et
mûrissait pendant ses méditations silencieuses,
surtout dans ses promenades.

S'il rompait le silence, s'il racontait ce qui l'avait
absorbé, c'était le signe qu'un chapitre allait
éclore dans la journée.

Il n'écrivait pas toujours le plan de l'ouvrage
à l'avance, et se contentait de l'ébaucher en
esprit. Mais une fois arrêté, il l'observait scrupuleusement,
avec l'ordre logique et l'harmonie,
condition de sa nature.

Lorsque la conception du tableau était bien dis-

tincte et que l'exécution matérielle allait commencer, il se donnait le plaisir de suivre un peu
sa fantaisie et d'écrire les divers chapitres selon
l'inspiration de l'heure. Tel chapitre qui devait
figurer en tête du livre était quelquefois terminé
le dernier.

Il faisait comme certains peintres qui se réser-
vent les figures du premier plan et achèvent
d'abord celles que leur imagination a évoquées
capricieusement avant toutes les autres.

Ainsi de ce fragment. Il y a peint Hérodote,
Pindare, Eschyle, Alcibiade, Démosthènes, Plutarque. Mais que d'autres figures ne verront pas
ici le jour !

Les amis d'Edgar Quinet reconstruiront en esprit l'œuvre dont il ne reste, hélas, qu'un fragment.

Ces douze chapitres publiés textuellement, tels
qu'il les a laissés, quelques notes inédites, ses
conversations sur Pindare et sur Plutarque, ses
récits d'Hérodote que je résume, m'aideront à
faire entrevoir le plan.

Le 4 mars, il me raconta la bataille de Platée,
l'invocation du général Pausanias à la déesse
Héra, la prise d'Athènes par les Perses. Il me
décrivit Salamine. Il en avait approché en 1829,
dans son expédition de Morée.

Que d'idées belles et fécondes j'entendis ce jour-là ! Que n'ai-je pu les recueillir comme jadis dans la solitude de l'exil !

Le 12 mars, en se réveillant, il parla de Pindare avec un élan extraordinaire. Il venait d'apercevoir, au rayon naissant du matin, pourquoi le divin poète n'a jamais prononcé le nom des victoires helléniques, lui, le chantre de la victoire. Quel en est le motif ? Personne ne l'a démontré, personne n'a même remarqué ce silence.

Pindare est Thébain. Il ne pouvait, sans déshonorer sa patrie, rappeler les guerres médiques dans lesquelles Thèbes se rangea du côté des Perses. Ce rôle odieux de Thèbes force Pindare à taire les victoires de Marathon, des Thermopyles, de Salamine, de Platée et de Mycale. Il se réfugie dans la poésie de l'époque fabuleuse qui lui donne l'air d'un contemporain d'Hésiode, lui, qui vivait du temps de Léonidas, d'Aristide, de Thémistocle. Pindare était âgé de quarante ans lors de la bataille de Salamine.

Le 14 mars, de grand matin, nouvel entretien sur Pindare. Cette puissance d'abstraction, cette faculté de se concentrer dans une pensée tout à fait étrangère aux préoccupations passionnées de la politique, m'a toujours étonnée.

Il était transporté à l'idée de la prodigieuse harmonie de Pindare. Et comme je fis cette réflexion :

une traduction même ne peut voiler cette harmonie, il s'écria : « Ne peut *éteindre* cette harmonie, car c'est une flamme. Rien ne résiste à une ode de Pindare, aucune tristesse, aucun chagrin. »

Et il répéta avec enthousiasme, en souriant, un vers souvent cité pendant le siège de Paris : « Il s'élance, il franchit l'espace... On le couvre de couronnes ; sous ses pas la terre est jonchée de fleurs... Mais déjà, combien de fois, avant ce triomphe, n'avait-il pas été porté sur les ailes de la Victoire ! »

Le lendemain, il revint encore à ce que nous appelions notre statue antique ; nous lui cherchâmes un nom. En examinant divers titres, il s'arrêta à celui-ci : *Vie et Mort du Génie Grec.*

Son étude sur Hérodote devait former la trame de l'ouvrage.

L'idée fondamentale, la voici : De la victoire de Salamine et de Platée sont nés tous les chefs-d'œuvre de la Grèce.

Il voyait cette auréole de la victoire, non seulement dans les tragédies, les hymnes, mais dans les histoires, les harangues et jusque dans les sculptures de la Grèce victorieuse, sur le front du Jupiter panhellien, sur la Pallas-Athéné, dans le sourire triomphant de la Vénus de Milo, et même dans l'élan du Gladiateur, « ce combattant de

Marathon », qui a pour mot d'ordre : l'Hellade.

Tout le génie national de la Grèce émane de l'héroïsme. Il n'a pas été comme ailleurs l'éblouissement d'un moment. Le rayonnement est continu. « La Grèce n'a point renié l'image qui lui a été révélée. Au contraire, elle a fait du poème une vérité, de la fiction une réalité, du pressentiment une histoire [1]. »

———

Hérodote écrit en plein triomphe ; autour de lui, tout un peuple en fête célèbre la victoire de l'Hellade sur l'Asie. L'historien de nos jours, au contraire, décrivait en pleine défaite un passé glorieux.

Pour garder l'espérance, il la plaçait très haut, dans la vitalité indestructible du peuple.

Hérodote est impartial envers les vaincus, sans haine contre l'envahisseur, puisque toute lutte aboutit à la victoire de la Grèce. Il est le premier qui s'inspire de Salamine et de Platée, mais l'enthousiasme de ces journées illumine la vie nationale et fonde l'unité grecque.

Dans les temps modernes, un fait semblable se renouvelle. Nous avons eu aussi nos Thermopyles dans les défilés de l'Argonne ; nous avons eu nos

[1] *Génie des religions.*

Léonidas, nos Aristides, nos Miltiades, qui, par les victoires matérielles, en conservant nos frontières intactes, ont préparé les victoires de l'esprit nouveau.

Nos Pisistratides, réfugiés dans le camp des Barbares, n'ont pu ramener l'ancien régime, grâce aux volontaires de 92.

Les vrais fondateurs de la civilisation moderne, ce sont les héros ; ils ont facilité la tâche des législateurs, ils ont inspiré les artistes, ils ont préparé le berceau d'une société nouvelle.

Les immortelles créations de la Convention portent aussi au front la flamme jaillie des combats de Sambre et Meuse et des lignes de Wissembourg. Elle rayonne dans le Code civil, dans nos musées, dans toutes les institutions émanées du génie civilisateur de la Convention, et cette lueur s'est projetée sur la démocratie de nos jours et dans toute œuvre belle de nos grands écrivains.

L'héroïsme dans la vie et dans l'art, tel est aussi l'avenir de la France républicaine.

C'est l'unité de race et de langue, mais plus encore le patriotisme, qui met les Grecs en ligne à leur rang de bataille pour couvrir l'Hellade. Là s'est formée l'unité grecque ; la véritable unité française a aussi pour origine la défense des frontières, la défense des droits de l'homme, les victoires du Code civil.

L'indissoluble unité est tout entière dans l'esprit de liberté. « Mes compatriotes, disait Edgar Quinet, sont ceux qui s'inspirent de la grande Révolution, ceux qui lui restent fidèles dans les actes, dans les règles de la vie. »

L'accord de l'héroïsme et de la sagesse est une des vérités sur lesquelles il insiste le plus dans *Vie et Mort du Génie Grec*.

Les hommes de la Révolution ont compris comme l'antiquité la sagesse de l'héroïsme.

L'argument glorieux, c'est la folie des Thermopyles, la folie du défilé de l'Argonne. N'y renonçons pas, disait Edgar Quinet. Ne nous bornons pas à invoquer les dates de 89 et de 92, mais gardons l'âme de cette époque, qui enfanta le droit moderne et des œuvres impérissables. Tâchons de les égaler et même de les surpasser.

Il faut, s'écriait-il, perpétuer, renouveler les grandes actions du passé en toutes choses, non par une stérile imitation de formules, mais en s'inspirant au foyer des hautes pensées. Que le sculpteur, le peintre, le poète, le penseur invoquent la vérité, comme le général lacédémonien invoquait la déesse au matin de la bataille de Platée...

Comme je t'invoque, ô mon maître ! moi, si dépouillée de toute inspiration autre que ma piété et ma douleur!

Je crois que l'ouvrage devait être divisé en deux parties. La première : *Vie du Génie Grec*. La seconde : *Mort du Génie Grec*.

Dans la première partie, il eût groupé ensemble, comme dans un bas-relief antique, comme sculptures du bouclier sacré de la Grèce, ces divines figures qui la protègent à travers les siècles après l'effondrement de la patrie : Hérodote, Eschyle, Sophocle, Euripide, Pindare, Phidias, Périclès, Socrate, Platon, Xénophon, Thucydide, Démosthènes, génies émergés dans la lumière des victoires helléniques ou qui en gardent le lointain rayonnement.

Puis, dans la pénombre, il eût réuni Plutarque, Polybe, Pausanias, Strabon, Lucien, Théocrite et le glorieux esclave Épictète.

Il eût montré l'inspiration si différente des uns et des autres ; comment la gloire ou l'humiliation d'une patrie asservie ou triomphante influe sur le génie de ses poètes, de ses historiens, de ses philosophes.

Il eût montré le déclin rapide d'une nation qui renonce aux principes où s'alimente la vie morale.

Entre ces deux époques, sur les confins du monde lumineux, il place une figure charmante et terrible, véritable génie de transition entre la vie et la mort, et qui le préoccupait avec un intérêt passionné. Je veux dire Alcibiade.

Il eût montré l'obscurcissement des consciences du temps de Démosthènes.

Démosthènes arrête un moment la chute de son pays ; il se retranche dans la sagesse héroïque des ancêtres. Comme eux, il a horreur des capitulations, des petits calculs, il pratique l'héroïsme dans l'action et dans la parole. Malheureusement, il ne réussit pas à donner à ses contemporains l'âme des générations de Salamine et de Platée ; lui seul fut aussi grand que ses héros.

Il succombe, et après lui le Byzantinisme commence dans sa forme première : l'esprit alexandrin.

Les subtilités des hommes de décadence remplacent les victoires de l'esprit de vie. Plus de conquêtes en pleine lumière ; les habiles tournent les difficultés, escamotent la lutte et le triomphe. L'intrépidité des caractères est remplacée par le savoir-faire.

« Qu'est-ce que Démosthènes ? Le suprême effort de l'esprit grec, athénien, contre le cosmopolitisme macédonien, oriental, asiatique. Alexandre a vaincu l'Orient. Mais après? L'esprit oriental a tué l'esprit grec [1]. »

Après Alexandre et la lignée des généraux macédoniens, on voit apparaître une Grèce asiatique, cette monstruosité tant redoutée qui s'était toujours brisée contre *la lance dorienne*.

L'Asie vaincue une première fois à Troie, la Grèce reçoit pour trophées l'*Iliade*, les héros d'Homère, qui transfigurent le monde.

L'Asie vaincue une seconde fois à Marathon, à Salamine, à Platée, à Mycale, l'épanouissement du génie grec couvre la terre de sa floraison immortelle. Il atteint son apogée dans le siècle de Périclès.

Philippe triomphe de la Grèce à Chéronée, et de cette défaite à jamais lamentable est née la civilisation macédonienne, mère du byzantinisme.

En étudiant les temps de Démosthènes à Plutarque, Edgar Quinet analysait le travail des écoles, des sophistes, qui mit en poussière l'esprit grec.

Après l'acharnement contre Démosthènes, les médisances d'Eschine, l'accusation d'avoir fui à Chéronée, *après ce premier pas* [2], on parvient à entamer jusqu'aux principes. On tourne en raille-

----

[1] Note inédite d'Edgar Quinet.
[2] Derniers mots du fragment, voyez page 49.

rie le devoir, l'héroïsme, la patrie, la nationalité ;
les mots changent leur acception naturelle ; on en
arrive à prêcher la divinité d'Alexandre et on finit
par appeler liberté l'horrible état de la Grèce
livrée à la férocité de Sylla et de Néron.

C'est avec un procédé scientifique nouveau,
l'anatomie comparée de l'histoire, qu'Edgar Quinet veut reconstruire un passé mort :

« On a pu restituer sur un débris d'ossements
tout un monde antédiluvien. Sur quel débris cons-
truirons-nous le monde antique? Sur nous-
mêmes. »

« Les invasions de 1814 et de 1815 ont fait connaître les migrations des races. Les événements
nouveaux ont expliqué les révolutions de l'antiquité [1]. »

Cette anatomie comparée historique peut nous
aider aussi à rétablir la vérité des faits dénaturés
par Plutarque.

Vingt ans d'Empire nous ont appris qu'il est
aisé de frauder l'histoire, d'égarer le jugement de
la postérité. On fait croire à la volonté de tout un
peuple, quand c'est une faction seule qui impose
sa volonté par la violence.

On a vu cette méthode à l'œuvre. Le despotisme
crée une opinion factice que le pays subit, la
croyant émanée de lui-même.

[1] Note inédite d'Edgar Quinet, 1852.

Il en était ainsi du temps de Plutarque. Lorsqu'il nous montre la Grèce élevant des temples à ses bourreaux, à César, c'est absolument le procédé du 2 décembre. Son élu du peuple est sacré par la terreur, les prétoriens, le plébiscite.

« Après la défaite des Athéniens par Antipater, un des généraux d'Alexandre, vingt-deux mille Athéniens sont envoyés en Thrace comme colons. Athènes reçoit une garnison macédonienne. Depuis ce temps, quiconque veut asservir les Grecs leur promet la liberté. Démétrius, fils d'Antigonus, l'impose de deux cent cinquante talents, une nuit pour la courtisane Lamia[1]... »

L'asservissement de la patrie consommé, l'invasion acceptée, il ne reste plus d'histoire nationale, mais une exhibition d'art, un musée historique, une composition de littérateur. Plutarque enchaîne ses héros deux à deux à travers les temps et les races les plus opposées. Ses choix ne sont pas déterminés par l'affinité des caractères, par l'identité de situation ; l'esprit politique en est absent, la moralité surtout. La dernière étincelle de patriotisme semble éteinte. Les mots remplacent les actes.

Les faits les plus sanglants, l'humiliation la plus honteuse, les déchirements les plus cruels déso-

[1] *Ibid.*

lent la Grèce : guerres intestines, trahisons, capitulations, exterminations, violences de la tyrannie, Plutarque se refuse à les voir, à les sentir. Il se contente des formules.

A ses yeux, l'envahisseur romain vient donner la liberté à la Grèce. Flatterie pour les vainqueurs, duperie pour les vaincus. Et la conséquence extrême de ce byzantinisme naissant est de couronner aux jeux isthmiques, l'opprobre du genre humain. Néron remporte le prix du chant. « Il a bien du talent. » Cela suffit.

La Grèce du temps de Plutarque est symbolisée par cette couronne, prix du vainqueur, décernée au monstrueux César dans l'arène immortalisée par les hymnes et les héros de Pindare.

Cette transformation du tempérament grec, ce divin génie complétement dénaturé, n'est-ce pas là un enseignement éloquent?

« Alexandre acheva la victoire de l'Occident sur l'Orient. L'esprit grec triompha, mais il n'y eut plus de Grèce. On vit errer solitairement de grands hommes à la place des peuples. Thèbes fut tout entière dans Épaminondas.

« C'est le temps de Plutarque. Dans son récit, surgissent l'une après l'autre de grandes figures isolées, sans nulle relation les unes avec les autres, comme si le fond même qui les unissait d'abord s'était évanoui. Plus d'États, de peuples, d'institutions; plus de continuité dans le récit. Vous sentez à chaque ligne que la société qui liait ces vies éparses a cessé d'être : nobles statues, qui toutes ont pour piédestal commun le tombeau de la Grèce [1]. »

Les hardis rénovateurs de l'histoire ont dévoilé dans Plutarque des côtés encore inaperçus. C'était l'historien idéal pendant la grande Révolution. Girondins, Jacobins, Montagnards, se modèlent sur un type des grands hommes ou s'en inspirent; chacun cherche son ancêtre.

Dans la tourmente révolutionnaire, l'heure n'était pas aux méditations, à la philosophie de l'histoire. Le parallèle des grands hommes suffisait à ces âmes éprises de grandes actions.

Le progrès de l'esprit critique, une morale historique plus austère et plus pure, montrent sous un jour nouveau l'historien qui voyait dans Néron le libérateur de la Grèce. Et c'est encore une de ces vérités que l'on doit revendiquer pour l'enseignement du Collège de France.

Mais, dira-t-on, ce jugement est trop sévère. N'est-ce pas surtout par Plutarque que le sentiment de la valeur individuelle, principe de l'héroïsme, a été transmis à la Renaissance et aux temps modernes ?

____

[1] *Génie des religions.*

Il est vrai, Plutarque a eu cette bonne fortune :
ses héros ont fait sa gloire. Le choix des sujets,
la forme accessible, l'ont popularisé plus que Tacite. Le rapprochement de ces deux noms rend
plus évidente l'équité du jugement. Tous deux
ont vécu sous Néron. L'un a écrit la vie des plus
grands hommes, de ceux qui, par leurs vertus et
leur génie, honorent la nature humaine. L'autre
s'est occupé des plus hideux, des plus monstrueux
caractères, de ceux qui ont déshonoré la nature
et la langue humaine.

Chez Plutarque, conteur de talent, la fibre du
patriotisme et de la liberté semble morte.

Tacite, au contraire, reste à jamais le bréviaire
des grandes âmes.

———

Sur le seuil de l'antiquité expirante, Edgar Quinet voyait le précurseur d'un monde nouveau, le
révélateur du vrai. Oui, il y a dans ce fait un
symbole sublime. Épictète, l'esclave affranchi,
c'est l'avénement du peuple, d'une religion de
justice. Une pensée régénérée succède à l'immo-
ralité des vieux tyrans célestes et à l'aristocratie
corrompue de l'Olympe.

La pensée d'Épictète devait être le final de cette
symphonie héroïque du génie grec. Elle commence à Marathon par le clairon de la victoire,
et finit par un accord d'une paix divine.

GUERRES MÉDIQUES

I

HÉRODOTE.

Immense difficulté d'aborder ces redoutables questions qui semblent épuisées par l'érudition des siècles et par toutes les littératures ! Elles étaient réservées à celui qui avait le don de tout rajeunir en découvrant les aspects ignorés, les sources nouvelles des choses.

Dominée par le souvenir des moments solennels, où il me parla de la Vie et de la Mort du Génie Grec, ce sujet m'est devenu trop sacré, trop douloureux pour pouvoir l'étudier avec quelque liberté d'esprit.

C'est dans les œuvres antérieures du maître que je chercherai sa pensée sur Hérodote et Thucydide.

Il ne s'est point occupé des guerres médiques et

de leur historien dans la *Grèce moderne*. Écrit en
1829-1830, au milieu des barbaries de la guerre
turque et de la plus affreuse détresse, cet ouvrage
ne pouvait refléter le souvenir des époques brillan-
tes de la société grecque. « Dans un monde rede-
venu primitif par l'effet du carnage et de la dépré-
dation, je n'aurais pu, dit-il, parler de Périclès,
de Sophocle, de Socrate. »

Il y revient quarante-cinq ans plus tard. Mais
déjà, en 1839, Edgar Quinet écrivait sur Hérodote
une page dont l'esprit s'harmonise parfaitement
avec celles qu'il a tracées dans les derniers jours
de sa vie :

« Comment a-t-on pu un instant ne voir dans
Hérodote qu'un Froissard d'Ionie ? C'est enfermer
une statue du Parthénon dans une châsse féodale.
Il ne raconte pas seulement les actions des hommes, mais aussi les œuvres de la nature, ce qui
fait que son histoire tient plus encore de la Genèse
orientale que de la chronique du moyen âge. Sa
curiosité s'éveillant à la fois sur tout ce qui l'entoure, il trace le cours des fleuves en même temps
qu'il suit les migrations des peuples. Avec un
étonnement candide, il sort de son pays, il va
toucher de ses mains les peuples, les objets étrangers qu'il mêle dans son récit, où se mirent les
peuples naissants dans un monde naissant. Et ce

qui donne à son œuvre le caractère de l'épopée,
ce n'est pas tant cet accord de la nature et de l'humanité que la marche et le plan qu'il suit à son
insu. Quand les modernes se vantent d'avoir in-
venté la philosophie de l'histoire, ils oublient de
dire que le désordre d'Hérodote cache un enchaî-
nement d'autant plus profond qu'il se dérobe en
partie à l'écrivain. D'abord il n'est rien qu'un
voyageur, un pèlerin païen qui va errer de temple
en temple. Il pénètre au sein des sociétés orientales, où il reconnaît les traditions de son pays. Quoique très pieux, il y a déjà autant de curiosité que de
religion dans le fond de son esprit ; quoique Dorien
par l'origine, il s'orne des fleurs du dialecte et de
l'ordre ionique. Partout il visite les prêtres, mais
il ne se contente pas comme eux de prier et d'a-
dorer. Il les interroge ; partagé entre la crédulité
et une sorte de scepticisme inné, souvent il n'ad-
met qu'une partie de leurs récits. Il les pèse,
les juge. C'est le génie de la critique qui, avec
toutes les apparences de la candeur, s'intro-
duit pour la première fois dans les sanctuaires
orientaux. Les vers des oracles qu'il mêle çà et
là à sa prose proclament eux-mêmes une religion
politique toute pareille à la réforme de Pindare
et d'Eschyle. D'ailleurs aucun plan ne semble
encore régler sa marche. Longtemps il vous pro-
mène dans la Perse et dans Babylone, dont il dé-

crit la splendeur fabuleuse. Il vous fait monter avec lui sur les vastes murailles de briques et jusqu'au sommet du temple de Bel.

« De là il vous ramène dans la vallée d'Égypte. Vous entrez dans le labyrinthe, vous touchez les pyramides, vous mesurez cette civilisation qui était déjà à son déclin. Jusqu'à ce moment vous n'avez suivi qu'un voyageur capricieux. Voilà que l'historien va se révéler. Après qu'il vous a fait peser, en quelque manière, l'énorme fardeau de ces empires, après que votre imagination est accablée de leur puissance, que vous en avez compté les richesses, les provinces, les villes, vous voyez peu à peu ces provinces, ces États, ces royaumes se réunir sous la main de Darius, de Xerxès, en une force unique, qui se déchaîne à l'improviste sur le berceau de la société grecque. Plus vous avez été retenu longtemps en Asie, errant sans dessein dans ces vastes contrées, plus aussi cette conclusio est frappante lorsqu'elle se découvre. Vous avez commencé par reconnaître les limites extrêmes de l'horizon de l'antiquité, Suse, Babylone, Persépolis, Memphis, Thèbes, la Scythie ; puis le cercle se resserre : vous entendez comme un écho lointain de la Grèce résonner les rivages de l'Asie-Mineure, et ces petites révolutions des villes doriennes qui donnent le signal. Puis l'enceinte se rétrécit encore. Cet Orient dont vous venez de compter les peuples dans un dénombrement homérique, se précipite tout entier par l'Hellespont, sur cette Grèce naissante que l'écrivain vous a nommée à peine, tant elle est faible et obscure. Comment résistera-t-elle au choc de l'Asie? Voilà la première pensée qui s'élève, et c'est ainsi qu'en resserrant toujours son horizon, Hérodote vous conduit au défilé des Thermopyles. Quand il vous l'a fait franchir, entraînant toujours après lui ces peuples qui tarissent les fleuves sous leurs pas, il vous amène à Salamine. Tout vous semble perdu. La veille même de la bataille, les généraux sont près de se disperser devant cette apparition de l'Asie dont votre esprit est obsédé; car, par ce long détour, vous sentez bien qu'il ne s'agit pas seulement du destin d'un empire, mais d'une bataille où l'humanité est en jeu. Enfin, lorsque les statues des demi-dieux ont été couronnées au soleil levant, que la bataille est gagnée, que cet immense péril si lentement accumulé par l'historien, est pour jamais dissipé, que les noms de Platée, de Mycale, s'ajoutent à celui de Salamine, et que l'Orient s'est brisé contre la *lance dorienne*, quel est le sentiment qui subsiste après tous les autres? Celui d'un miracle accompli par l'héroïsme de l'homme. C'est le faible qui l'emporte sur le fort, c'est le droit qui triomphe de la violence. L'art a surpassé le nombre, la pensée, la matière. La première

victoire de l'esprit sur le destin oriental, voilà le
dénouement[1]. »

Dans son immense enquête à travers les siècles,
à travers les contrées les plus éloignées, ce qui
soutient le père des historiens, c'est la volonté de
« préserver de l'oubli » les actions merveilleuses
accomplies dans les guerres des Hellènes et des
Barbares.

Les motifs de cette guerre, quels sont-ils ?
Bien avant le siège de Troie, la beauté d'une
Hélène a mis aux prises deux peuples. C'est une
jeune fille argienne, Io, enlevée par les Phé-
niciens ; c'est une phénicienne, Europe, enlevée par les Grecs ; troisième rapt, celui de
Médée.

Ainsi le grave Hérodote place au berceau de
l'histoire, comme origine lointaine des guerres
médiques, les enlèvements de femmes. Cette
explication naturelle, Edgar Quinet la trouvait
confirmée par une coutume asiatique qui a per-
sisté de nos jours, l'enlèvement des Circassiennes
par les Turcs.

Ce ne sont plus des inductions philosophiques,
mais des vues puisées dans les faits.

« Hérodote n'est pas seulement un Froissard.

[1] *Génie des religions.*

Déjà perce l'esprit de critique ; il est ingénu et observateur. Il admire et il doute. Puis, il sait penser ; il est au besoin précis, bref, serré. Dans sa comparaison de la Démocratie, de l'Oligarchie et de la Monarchie, il y a déjà la langue d'Aristote et de Montesquieu.

« Que d'expérience et de savoir politique !

« Tout cela mis en scène, non pas seulement par une théorie, mais un débat public dans une assemblée délibérante, une agora orientale[1] »

« Une traduction d'Hérodote, dans une langue académique comme celle de Larcher, lui ôte sa grâce, sa fleur. Il faudrait une langue mêlée à la fois de moyen âge et de renaissance[2]. »

Que de fois cette réflexion me reviendra ! Quelle différence entre le texte d'Hérodote tel qu'Edgar Quinet me le traduisait, et les citations auxquelles je suis réduite !

Entrons maintenant dans l'arène des luttes helléniques. « Le faible contre le fort, le petit contre l'immense. » Spectacle sublime, qui répandait ses fortifiantes consolations sur les derniers jours d'un sage.

[1] Note inédite d'Edgar Quinet (1875).
[2] *Ibid.* (1875).

II

DISCOURS DE DÉMARATE.

Voyez ces villes divisées, révoltées, de dialectes différents; au moment du péril, à la voix des hérauts d'Athènes, elles courent à la défense commune. La loi superstitieuse qui défend aux Lacédémoniens de se mettre en marche avant la pleine lune diffère, il est vrai, leur départ, mais ils répareront ce retard avec une célérité qui étonne Hérodote; ils franchiront en trois jours la distance qui les sépare de Marathon, ils se transporteront sur le champ de bataille pour contempler les monceaux de cadavres des Mèdes. Les habitants des îles et les Thessaliens, que les Perses entraînèrent avec eux de force, se vengent en les massacrant dans la fuite. Thèbes, seule, n'échappe à aucune excuse. Nous verrons plus loin comment elle fut châtiée.

De ce mélange d'héroïsme, de superstition et d'esprit politique, ce qui se dégage, ce qui l'emporte sur le reste, c'est l'héroïsme; il sauve la liberté et fonde la cité. Quand Miltiade gagne la voix de l'archonte qui préside aux sacrifices, c'est pour hâter la bataille de Marathon, assurer la victoire. Quand les Alcmæonides engagent la Pythie, à force d'argent, à proposer aux Spartiates, qui venaient la consulter, de rendre la liberté aux Athéniens, ils renversaient la tyrannie et délivraient la patrie.

Hérodote montre plus d'admiration pour ce procédé que pour l'action libératrice d'Harmodius et d'Aristogiton, mais il n'exclut jamais l'héroïsme, l'enthousiasme ; ses conclusions sont toujours : la liberté :

« Athènes, déjà très puissante, le devint encore plus lorsqu'elle fut délivrée de ses tyrans. »

« Les forces des Athéniens allaient toujours en croissant. On pourrait prouver de mille manières que l'égalité entre citoyens est le gouvernement le plus avantageux. »

Hérodote affecte une grande impartialité à l'égard des Barbares. Mais scrutez le fond de sa pensée ; la fierté, un enthousiasme contenu pour la patrie hellénique se cachent dans les replis de son récit. Voyez le discours de Xerxès lorsqu'il annonce à ses conseillers son intention d'envahir la Grèce. Ces plaintes du maître de l'Asie contre Athènes, combien elles rehaussent la gloire de l'Hellade ! Chaque mot est calculé pour mettre en relief la puissance morale d'Athènes qui précède sa puissance matérielle. D'où lui vient-elle? Des ruses, des calculs politiques? De son âme de héros.

La scène du Songe de Xerxès est une de celles où Edgar Quinet admirait le génie dramatique d'Hérodote.

Ce fantôme qui apparaît au roi et le menace en voyant sa résolution chancelante, cette intervention du surnaturel pour le déterminer à subjuguer la Grèce, c'est le comble du pathétique.

———

Dans la première guerre médique, la famille royale, chassée d'Athènes, marche à la tête des envahisseurs. Dans la seconde invasion, sous Xerxès, l'armée des Mèdes renferme dans ses rangs l'oligarchie de Thèbes et différents petits tyrans chassés de leurs villes, entre autres Démarate de Lacédémone.

Une des conceptions vraiment superbes d'Hérodote, une de celles qu'Edgar Quinet appelle une mine de patriotisme, c'est d'avoir placé dans la bouche de ce Démarate la plus fière, la plus pure glorification de Sparte et d'Athènes.

Cette réponse du transfuge grec qui suit le conquérant barbare et assiste à la ruine de sa propre patrie caractérise d'une façon sublime le patriotisme et l'amour de la liberté. Si un fils dénaturé de la Grèce tient ce langage, quels doivent être les sentiments des vrais citoyens?

Ces paroles de Démarate sont pour ainsi dire l'âme de ce livre; en les prononçant, Edgar Quinet ne pouvait maîtriser son émotion.

Il faut rappeler ce passage. Après quatre ans de préparatifs, Xerxès se met en marche, traînant après lui près de cinq millions d'hommes. Quelle nation ne mène-t-il pas contre la Grèce? Quelles rivières ne furent point épuisées? On perce le mont Athos, on construit un pont sur l'Hellespont. Une tempête le brise, Xerxès châtie la mer, la marque d'un fer ardent, la frappe à coups de fouet. Le lendemain, sacrifice expiatoire au soleil; la cérémonie achevée, l'armée défile, le roi passe la revue, puis envoie chercher Démarate : « Dites-moi donc maintenant si les Grecs oseront me résister?

« — Seigneur, vous dirai-je la vérité ou des choses flatteuses?

Xerxès lui ordonne de dire hardiment la vérité.

« Seigneur, répliqua Démarate, puisque vous le voulez absolument, je vous dirai la vérité, et jamais vous ne pourrez, dans la suite, convaincre de fausseté quiconque vous tiendra le même langage.

« La Grèce a toujours été élevée à l'école de la pauvreté. La vertu n'est point née avec elle; elle est l'ouvrage de la tempérance et de la sévérité de nos lois, et c'est elle qui nous donne des armes contre la pauvreté et la tyrannie. Les Grecs qui habitent aux environs des Doriens méritent tous des louanges. Je ne parlerai pas cependant de tous ces peuples, mais seulement des Lacédémoniens.

« J'ose, Seigneur, vous assurer premièrement qu'ils n'écouteront jamais vos propositions, parce qu'elles tendent à asservir la Grèce ; secondement, qu'ils iront à votre rencontre et qu'ils vous présenteront la bataille quand même tout le reste des Grecs prendrait votre parti. Quant à leur nombre, Seigneur, ne me demandez pas combien ils sont pour pouvoir exécuter ces choses. Leur armée ne fût-elle que de mille hommes, fût-elle de plus, ou même de moins, ils vous combattront. »

Xerxès se met à rire. Si les Grecs, dit-il, avaient, selon nos usages, un maître, la crainte leur inspirerait le courage. Contraints par les coups de fouet, ils marcheraient quoique en petit nombre ; mais étant libres, ne dépendant que d'eux-mêmes, ils n'attaqueront pas des forces plus considérables que les leurs. Et il accable de moqueries Démarate pour les *sottises* qu'il débite.

« Seigneur, réplique Démarate, je savais bien, en commençant ce discours, que la vérité ne vous plairait pas, mais forcé de vous la dire, je vous ai représenté les Spartiates tels qu'ils sont. Vous n'ignorez pas, Seigneur, à quel point je les aime actuellement, eux, qui, non contents de m'enlever les honneurs, les prérogatives que je tenais de mes pères, m'ont encore banni. Votre père m'accueillit, me donna une maison et une fortune considérable. Il n'est pas croyable qu'un homme sage repousse la main bienfaisante de son protecteur au lieu de la chérir. Je ne me flatte point de pouvoir combattre contre dix hommes, ni même contre deux, et jamais, du moins de mon plein gré, je ne me battrai contre un homme seul. Mais si c'était une nécessité, ou que j'y fusse forcé par quelque grand danger, je combattrais avec grand plaisir un de ces hommes qui prétendent pouvoir résister chacun à trois Grecs. Il en est de même des Lacédémoniens. Dans un combat d'homme à homme, ils ne sont inférieurs à personne, mais réunis en corps, ils sont les plus braves de tous les hommes. *En effet, quoique libres, ils ne le sont pas en tout. La loi est pour eux un maître absolu.* Ils le redoutent beaucoup plus que vos sujets ne vous craignent. Ils obéissent à ses ordres, et ses ordres, toujours les mêmes, leur défendent la fuite, quelque nombreuse que soit l'armée ennemie, et leur ordonnent de tenir toujours fermes dans leur poste, et de vaincre ou de mourir. »

Ces mots : *La loi est pour eux un maître absolu,*

résument, dans leur brève éloquence, toute la religion du devoir. C'est ce culte du devoir qu'Edgar Quinet a en vue à chaque ligne de son œuvre.

Il y a un enseignement salutaire dans les paroles arrachées à Démarate par la force de la vérité et l'éducation traditionnelle de la liberté. L'origine première du courage héroïque des Lacédémoniens, qu'elle est-elle ? Démarate oppose l'égide de la pauvreté au tout-puissant maître de l'Asie, au possesseur de richesses fabuleuses.

La Grèce a été élevée à l'école de la pauvreté, et c'est à cette puissance qu'il attribue ses vertus. Grande leçon pour les peuples de notre siècle industriel où la question du bien-être devient exclusive.

La vertu n'est pas née avec la Grèce ; elle est l'œuvre de la tempérance, de la sévérité des lois.

Les faits suivent de près ces paroles et les confirment ; car cette Grèce nue, indigente, nourrie du brouet spartiate, triomphe des Mèdes gorgés de richesses, couverts d'habits de pourpre et de cuirasses d'or.

Et après la victoire, quand elle recueille dans le camp ennemi l'immense butin, à quoi serviront ces innombrables trésors ? Ces magnificences transformeront-elles la vie privée, la sobriété, la simplicité des Grecs ? Ils s'en serviront pour élever ces trophées du génie, ces monuments glorieux, ces chefs-d'œuvre de l'art, ornement de la patrie, patrimoine éternel de l'esprit humain.

Oui, cette glorification du patriotisme lacédémonien dans la bouche de Démarate, devant son nouveau maître qui le comble de bienfaits, est d'une rare éloquence. Il voit défiler devant lui la terre entière, il aperçoit le peuple de Lacédémone comme un groupe perdu, un point imperceptible au milieu du débordement de l'Asie; mais ce point imperceptible, c'est le roc où se briseront les vagues. Ce roc, c'est l'héroïsme.

Et d'où leur vient cette force invincible, surnaturelle, capable d'affronter les périls? Qui les fait marcher au-devant de la mort sous le coup de l'invisible fouet? Ce despote qui règne sur les peuples libres, sur les âmes libres, auquel on obéit avec un respect et une terreur religieuse, comment se nomme-t-il? La loi! La loi est pour eux un maître absolu. Ils le redoutent plus que les esclaves ne craignent le tyran.

Citons encore les paroles magnanimes de deux Spartiates qui vont se livrer à la mort pour expier le meurtre des hérauts perses. Le gouverneur de Suze les interroge : « Lacédémoniens, pourquoi avez-vous tant d'éloignement pour l'amitié du roi? il vous donnerait à chacun un gouverne-

ment, si vous vouliez le reconnaître pour souverain.

« Hydarnès, répondirent-ils, les raisons de ce
conseil ne sont pas les mêmes pour vous et pour
nous. Vous nous conseillez cet état parce que vous
en avez l'expérience et que vous ne connaissez
pas l'autre. Vous savez être esclave, mais vous
n'avez jamais goûté la liberté et vous en ignorez
la douceur. »

Je ne puis dire de quel ton Edgar Quinet prononça ces mots : « Vous n'avez jamais goûté la
liberté, vous en ignorez la douceur! » Sa voix
prit une inflexion si attendrie, qu'on sentait combien l'antiquité était loin de sa pensée, combien
l'avenir de la France, de la République, régnait
seul dans son esprit.

III

LES THERMOPYLES.

Léonidas et les Trois cents défendent l'entrée de la Grèce à cinq millions d'hommes ; ils s'apprêtent à la mort avec sérénité, insouciance, se livrant aux exercices gymniques ; d'autres prennent soin de leur chevelure.

Xerxès trouve à cette conduite le comble du ridicule. Il fait chercher Démarate, l'interroge, et voici l'explication : « Ces hommes sont venus pour disputer le passage ; ils ont coutume de prendre soin de leur chevelure quand ils sont à la veille d'exposer leur vie. »

Dans ce second discours de Démarate, Hérodote place encore un éloge magnifique de la race Hellénique.

Et dans le récit du combat, que de mots superbes en relief ! Le groupe des Trois cents continue à résister au choc de l'Asie : « Le roi vit alors qu'il avait beaucoup d'hommes, mais peu de soldats. »

Hérodote raconte avec une émotion poignante la trahison d'Ephialtès, qui indique aux Perses le sentier de la montagne et cause la perte totale des Grecs gardiens du passage. « Ce fut Ephialtès qui leur découvrit ce sentier, et c'est lui que j'accuse de ce crime. »

On les entend, on les voit marcher ; on perçoit le bruit que font sous leurs pas les feuilles des arbres. L'aurore va paraître... les voilà sur le sommet de la montagne... De là ils se précipitent sur les Trois cents, postés dans le défilé.

« Passant, va dire à Sparte que nous sommes morts pour obéir à ses saintes lois. »

Rien n'affaiblira jamais l'austère grandeur de ces paroles. Elles rayonnent à travers les âges, rien ne les fait pâlir ; ni souvenirs du collège, ni livres de classe lus par l'enfance insouciante, ni théories toutes récentes inventées par l'esprit césarien. Cette inscription des Trois cents se grave dans toute âme bien née à l'aube de la vie. Une lignée d'actions glorieuses ou de pensées fécondes naîtra éternellement de l'héroïsme des Thermopyles.

Hérodote n'oublie pas un trait qui puisse mettre en relief la suprématie des Grecs. Ils célébraient les jeux olympiques ; un Perse demande quel était le prix des combats. Une couronne d'olivier, lui dit-on. « O dieux ! Mardonius, quels sont donc ces hommes que tu nous mènes attaquer ? Insensibles à l'intérêt, ils ne combattent que pour la gloire. »

Et cette prise d'Athènes ! Avec quel intérêt vivifié par ses souvenirs personnels Edgar Quinet analysait les moindres détails de ce récit dramatique ! Il n'avait pu pénétrer dans l'Acropole, en 1829 ; la citadelle était encore aux mains des Turcs. Mais il avait étudié les lieux et en avait rapporté un dessin à la sépia fait sous les balles des nouveaux Barbares. (Ce petit tableau est depuis quarante-six ans sur sa table de travail). Il avait présents à la mémoire le paysage, la colline de Philoppapus, vis-à-vis de la citadelle, où les Perses assirent leur camp, et cet endroit mémorable, le chemin escarpé, non gardé, qu'ils gravirent à la dérobée.

La ville est déserte, quelques malheureux vieillards, des infirmes qui n'ont pu suivre les Athéniens à Salamine, à Égine, à Trézènes, se défendent jusqu'à la dernière extrémité derrière leurs barricades de bois, ils repoussent toutes les propositions du grand roi et des Pisistratides ; ils roulent des pierres sur les assaillants. Mais quand ils les voient tout à coup, par surprise, dans l'enceinte sacrée, ils se tuent ; les uns se précipitent du haut des murailles, les autres sont égorgés dans le temple même. Après le massacre des suppliants de la déesse, les Barbares pillent le temple, mettent le feu à la citadelle et la réduisent en cendres.

Hérodote se hâte d'ajouter comme un heureux présage : « Dans le temple, on voyait un olivier et une mer. Neptune et Minerve les y avaient placés comme témoignage de la contestation qui s'était élevée entre eux au sujet du pays[1]. Le feu qui brûla ce temple consuma l'olivier ; mais, le second jour, la souche de l'olivier avait poussé un rejeton d'une coudée de haut. »

En effet, bientôt la victoire de Salamine fait refleurir plus puissant que jamais l'arbre sacré, l'emblème de la ville de Minerve.

[1] Voyez, sur la lutte de Minerve et de Neptune, l'explication géologique dans *La Création* et dans *L'Esprit Nouveau.*

IV

SALAMINE

La terre et le ciel combattent pour l'Hellade.
Une terreur divine saisit les Barbares à mesure
qu'ils pénètrent dans l'Attique. Ils ont incendié
les villes, les bois sacrés ; en approchant du temple
de Delphes, ils sont frappés par la foudre, des
quartiers de rocher se détachent des sommets du
Parnasse et les écrasent. « En même temps, l'on
entendit sortir du temple des voix, des cris de
guerre. »

Chez Hérodote, le merveilleux et le naturel, le
patriotisme et le sens politique se mêlent dans
une même trame.

Si ce n'est Minerve qui intervient, comme dans
l'*Iliade*, c'est une tempête du mont Pélion qui seconde, à Artémisium, l'effort héroïque des Grecs
et fait périr les Barbares sur les écueils de la mer
Eubée.

Quel opprobre ! s'écrie-t-il ; être mis en fuite par
un petit nombre !

Le surnaturel, chez Hérodote, s'explique aisément par l'imagination, la poésie, le patriotisme exalté, qui donnent un sens prophétique aux phénomènes les plus simples.

L'Attique est dévastée, les Athéniens l'ont abandonnée; ils sont tous à Salamine. Un peu avant la bataille, un banni d'Athènes se trouve avec Démarate dans la plaine de Thria : ils voient s'élever d'Éleusis une grande poussière; elle semble excitée par la marche d'un corps d'armée. Tout à coup on entend une voix, des chants... Démarate étonné, ignorant les mystères d'Éleusis, interroge le banni :

« Un grand malheur menace l'armée de Xerxès; l'Attique étant déserte, c'est une divinité qui vient de parler; elle marche au secours des Athéniens. » Après cette poussière, après cette voix, un nuage s'élève, se porte vers Salamine, présage que la flotte des Perses doit périr.

Le matin de la bataille, on adresse des prières non seulement aux dieux, mais aux héros. On les appelle au secours de la Grèce, on invoque Ajax et Télamon, on envoie un vaisseau à Égine, pour en faire venir les restes des Æacides.

Il arrive au lever de l'aurore et le combat commence aussitôt; il est le premier à l'attaque.

Comment ce souvenir constant donné aux anciens défenseurs de la patrie, à l'heure du péril, leur mémoire toujours présente, toujours glorifiée, n'auraient-ils pas rendu les Grecs invincibles?

Ce n'est plus ici de la superstition, c'est le culte de l'héroïsme. Il contribua à la victoire autant que la sagesse et l'habileté de Thémistocle, autant que la magnanimité d'Aristide, dont une grande parole devrait être présente à l'esprit en toute rivalité politique. Thémistocle le haïssait mortellement : « Remettons à un autre temps nos querelles, lui dit Aristide, et disputons, dans les circonstances présentes, à qui rendra les plus grands services à la patrie. »

Tous deux étaient d'avis qu'il fallait livrer la bataille à Salamine, non dans l'isthme.

Thémistocle, ne reculant devant aucun moyen pour empêcher les alliés de cingler vers le Péloponèse, fait prévenir secrètement Xerxès de presser l'attaque, et décide ainsi le sort de la journée.

Dans son ouvrage la *Grèce moderne*, Edgar Quinet a consacré une page à Salamine. C'est un témoin oculaire des lieux, c'est le voyageur qui parle :

« Les matelots proposèrent de se laisser dériver sur les côtes de Salamine. Mais au lieu de les atteindre, la lame nous poussa sur le petit îlot de Psyttalie.

« Il est désert, sans traces de végétation, et sa forme est celle d'une écaille de tortue. A dix heures du soir, nous trouvâmes justement sur ses bords un creux de rocher pour nous y échouer et passer la nuit. Nous étions alors précisément au centre de bataille de la flotte de Xerxès. Le front de ses lignes s'étendait un peu en avant. C'est dans cette île qu'avaient été placés, avant l'action, quatre cents Barbares qui furent égorgés par Aristide.

« Dans cette journée, la Grèce accomplit l'œuvre de sa destinée. Pour la première fois, la lutte était engagée corps à corps entre le génie immobile et jusque-là tout-puissant de l'Asie et l'esprit novateur des races helléniques. La victoire fut incertaine jusqu'au soir. Mais quand les galères du grand roi, ébranlées par l'orage, commencèrent à gémir et à se heurter sur cet îlot de Psyttalie, il parut bien que la conduite de l'univers allait passer à d'autres mains.

« Pendant que le colosse de l'Orient, mutilé et ruiné, rentrait pour toujours dans le fond de ses temples, Sophocle, encore enfant, couronné de feuillages, célébrait par ses danses, sur le promontoire opposé, l'émancipation de l'adolescence du genre humain. »

En racontant Hérodote, Edgar Quinet s'amusait parfois à établir de malicieuses analogies entre tel fait antique et les incidents dont il était témoin chaque jour dans les luttes parlementaires[1]. Ainsi, après je ne sais quelles concessions excessives arrachées par le centre droit au centre gauche, il citait en riant cette anecdote :

« Après la défaite de Salamine, Xerxès monta sur un vaisseau phénicien qui le transporta en Asie. Pendant qu'il voguait, il s'éleva du Strymon un vent impétueux qui, soulevant les flots, rendit la tempête d'autant plus dangereuse qu'il y avait jusque sur les ponts un très grand nombre de Perses qui s'étaient embarqués avec Xerxès et qui surchargeaient le vaisseau. Le roi, effrayé, demanda au pilote s'il y avait quelque espérance de salut.

« — Aucune, Seigneur, si l'on n'allège le vaisseau d'une grande partie de ses défenseurs. » Sur cette réponse, Xerxès s'adressant aux Perses : « C'est à vous, maintenant, à montrer l'intérêt que vous prenez à votre roi ; ma vie dépend de vous. »

« Il dit, et les Perses s'étant prosternés, se jetèrent dans la mer. Le vaisseau allégé, le roi arriva sain et sauf en Asie.

« Aussitôt qu'il eut débarqué, il donna une couronne d'or au pilote pour avoir sauvé la vie au roi, mais il lui fit couper la tête pour avoir causé la perte d'un grand nombre de Perses. »

[1] A Versailles, en 1875.

Edgar Quinet racontait cela à merveille, prenant le ton majestueux du monarque absolu, après quoi il accentuait finement la moralité de l'anecdote :

L'enthousiasme de la servitude volontaire.

Il faut relire cette fuite de Xerxès à travers les pays ravagés, l'armée nourrie d'écorces d'arbre et d'herbe, la peste et la famine achevant le désastre, le pont de bateaux sur l'Hellespont brisé par la tempête. Un très petit nombre d'hommes regagne Sardes, la plus grande partie périt dans la traversée.

Forcée d'abréger, de me restreindre, je ne puis suivre Hérodote dans les développements des faits ni des discours. Combien mériteraient des citations entières! Entre autres, les trois discours à la fin du livre VIII. Les Spartiates supplient les Athéniens de ne pas se laisser séduire par les douces paroles du messager macédonien qui leur offre, au nom de Mardonius, l'alliance flétrissante du roi. Athènes est privée depuis deux ans de ses récoltes, Sparte s'engage à la nourrir pendant la guerre. Ces offres sont repoussées par de sublimes paroles [1], les unes aux messagers macédoniens, les autres aux envoyés de Sparte :

[1] Malheureusement le texte français en affaiblit la beauté; on

« Il est inutile de grossir avec emphase les forces des Perses, nous savons que les nôtres sont inférieures. Allez rapporter à Mardonius la réponse des Athéniens : Tant que le soleil fournira sa carrière, nous repousserons son alliance ; confiants dans la protection des dieux et des héros dont il a brûlé les statues et les temples, nous irons à sa rencontre. Quant à vous, ne tenez jamais aux Athéniens de semblables discours, ne nous exhortez pas à faire des choses horribles, sous prétexte de vouloir nous rendre des services importants. »

Et s'adressant à ceux de Sparte : « La crainte des Lacédémoniens que nous ne traitions avec les Barbares est dans la nature. Mais elle aurait dû vous paraître honteuse, à vous, qui connaissez la magnanimité des Athéniens.

« Non ! il n'est pas assez d'or sur la terre, il n'est point de pays assez beau, assez riche, il n'est rien qui puisse nous faire prendre le parti des Mèdes pour réduire la Grèce en esclavage.

« Et quand même nous le voudrions, nous en serions détournés par plusieurs grandes raisons : les statues et les temples de nos dieux brûlés, renversés, ensevelis sous les ruines...

« Le corps hellénique est d'un même sang, parlant la même langue, ayant les mêmes dieux, les

répète ces mots : « Une traduction d'Hérodote, dans une langue académique comme celle de Larcher, lui ôte sa grâce, sa fleur. »

mêmes temples, les mêmes sacrifices, les mêmes usages, les mêmes mœurs; ne serait-ce pas une chose honteuse aux Athéniens de les trahir?

« Apprenez donc, si vous l'avez ignoré jusqu'à présent, apprenez-le : tant qu'il restera un Athénien au monde, nous ne ferons jamais alliance avec Xerxès. Nous admirons l'offre que vous nous faites de nourrir nos familles et de pourvoir aux besoins d'un peuple dont les maisons et la fortune sont écroulées; mais nous subsisterons comme nous le pourrons, sans vous être à charge. »

En citant ces nobles paroles, je vois encore le regard lumineux et profond, j'entends la voix émue de celui qui me les traduisait.

———

Seconde prise d'Athènes. Mardonius rentre dans la ville déserte dix mois après Xerxès. Les Athéniens réclament les secours des Lacédémoniens, occupés à la muraille de l'isthme; déjà on élevait les créneaux. Les éphores remirent la réponse au jour suivant, ainsi de suite pendant dix jours...

« Je n'en puis donner d'autre raison que celle-ci : l'isthme étant fermé, ils croyaient n'avoir plus besoin des Athéniens. »

C'est ici qu'Edgar Quinet, admirant l'esprit politique d'Hérodote, s'écriait : « Machiavel ou Montesquieu diraient-ils mieux ? »

V

PLATÉE. — MYCALE.

Ce n'est pas une simple curiosité archéologique qui faisait désirer à l'auteur de *Vie et Mort du Génie Grec* l'enquête topographique sur Platée, les bords de l'Asope, les pentes du Cithéron, le défilé de la *Tête du Chêne*.

Ces lieux lui étaient chers, parce qu'ils consacrent le triomphe de la liberté sur le despotisme.

Le 15 mars 1875, il écrit à M. Émile Burnouf :

« Je vous envie d'avoir sous vos yeux le ciel d'Athènes et le Parthénon. Combien de fois je tourne mes regards vers ces merveilles ! j'y cherche la paix de l'esprit que je ne puis trouver nulle part ici, ni dans les choses, ni dans les hommes. L'idée est-elle venue à un des élèves de l'école d'Athènes de faire un relevé descriptif et graphique très détaillé de l'état actuel du champ de bataille de Platée ?

« J'en suis en ce moment très occupé. »

Un contemporain de Pausanias, du vainqueur

de Platée, Hérodote lui-même, n'auraient pas étudié avec plus de piété qu'Edgar Quinet cette topographie de Platée.

Courbé sur les cartes géographiques les plus détaillées qu'il possédait, il y marquait la position des combattants ; la fontaine Gargaphie qui fournissait aux Grecs de l'eau, les bords de l'Asope où ils puisaient difficilement sous les flèches des Mèdes, les défilés du Cithéron gardés par l'ennemi, l'île d'Oeroë formée par les deux bras de la rivière qui descend du Mont Cithéron dans la plaine, et où la moitié de l'armée grecque se posta ; le temple de Junon du côté de Platée où l'autre moitié de l'armée alla camper quand la nuit fut venue, au lieu d'ouvrir les passages du Cithéron, ainsi qu'on était convenu ; le temple de Cérès Éleusine aux bords du Moloéis où Pausanias s'arrêta. C'est là que pressé par la cavalerie ennemie, il invoque d'abord le secours des Athéniens ; mais ils sont aux prises avec les alliés des Perses. C'est là que réduit aux seules forces lacédémoniennes, dans un combat où il s'agissait de « la liberté ou de la servitude de la Grèce », Pausanias tourne ses regards vers le temple de Héra, implore la déesse, la supplie de ne pas permettre que les siens soient vaincus.

« Il l'invoquait encore, lorsque les Tégéates marchèrent aux Barbares, les Lacédémoniens marchèrent aussi... A cette journée les Spartiates vengèrent sur Mardonius la mort de Léonidas, et Pausanias, fils de Cléombrote, y remporta la plus belle victoire dont nous ayons connaissance. »

« Le même jour que les Barbares furent battus à Platée, ils le furent aussi à Mycale en Ionie... Le combat de Platée se donna le matin et celui de Mycale l'après-midi. »

Et Hérodote ne manque pas d'ajouter :

« Les Grecs qui étaient à Mycale, moins inquiets pour eux-mêmes que pour la Grèce, craignaient qu'elle n'échouât contre Mardonius. Mais dès qu'ils apprirent la victoire de Platée, ils marchèrent au combat avec encore plus d'ardeur. »

Et puis, le héraut avait prononcé le mot magique qui donne la victoire : « Que chacun de vous, dans l'action, se souvienne premièrement de la liberté ! »

Le complément naturel du récit d'Hérodote, ce sont les Perses d'Eschyle. Si l'art est naïf chez Hérodote, en revanche Eschyle possède la science de l'historien et du stratège. Quel rapport de général d'armée égale en lucidité la description de la bataille de Salamine ?

L'épilogue éloquent des guerres médiques est dans la bouche des vieillards de Suse, dans le dialogue de la mère de Xerxès et du Chœur.

Atossa l'interroge sur les Grecs :

« Quel monarque les conduit et gouverne leur armée? »

Le Chœur : « Nul mortel ne les a pour esclaves, ni pour sujets. »

A ce moment le courrier annonce la défaite :

« O villes qui couvrez toute la terre d'Asie! ô Perse!.. L'armée des Barbares a péri tout entière... ô Salamine, nom fatal et détesté! Athènes! Athènes! que ton souvenir me coûte de pleurs! »

Atossa : « Combien les Grecs avaient-ils de vaisseaux, dis-moi, pour oser engager le combat avec la flotte des Perses?...

— Les Barbares l'emportaient de beaucoup. Les Grecs avaient au plus trois cents navires... Xerxès, j'en suis garant, conduisait mille vaisseaux... Athènes est une ville inexpugnable, Athènes contient des hommes; c'est là le rempart invincible. »

Une idée superbe c'est l'évocation de l'ombre de Darius et les menaces qu'il profère contre les Perses s'ils ont l'insolence de renouveler leurs attaques contre la Grèce.

Le Chœur lui demande : « Comment, après un tel désastre, le peuple perse retrouvera-t-il des jours heureux? »

L'ombre de Darius : « Si vous ne portez jamais la guerre dans le pays des Grecs, votre armée, fût-elle encore plus nombreuse que l'armée de Xerxès; car la terre elle-même combat pour eux. »

Enfin Xerxès entre en scène, les vêtements en lambeaux : Hélas! hélas! ma noble armée!

Le Chœur : Quel coup, quel coup terrible! L'Asie, ô mon roi, est abattue sur ses genoux... Infortune inouïe, infortune inouïe !...

Xerxès : Quoi! je vis encore, et cette armée immense a péri !...

Le Chœur : Le peuple d'Ionie ne fuit donc pas dans le combat?

Xerxès : Un peuple de braves...

— Hélas! hélas! hélas! hélas!

— C'est plus qu'hélas ! qu'il faut dire.

— Oui, nos malheurs dépassent tous les malheurs!... Grands dieux! grands dieux! Infortune, infortune !

— Réponds à mes cris par tes cris!...

A mon chant lugubre, joins tes funèbres accents !

— Hélas! hélas! hélas!

— Accablant revers!

— Revers qui brise mon cœur.

— Frappe, frappe ton sein, gémis sur ma souffrance.

— Je pleure, je sanglote.

— Réponds à mes cris par tes cris.

— J'obéis, tu le vois, ô mon maître !

— Fais éclater tes sanglots.

— Hélas ! hélas ! hélas ! oui, je veux gémir encore, je veux meurtrir encore mon sein.

— Frappe ta poitrine. Chante l'hymne mysien !

— O douleur ! ô douleur !

— Dévaste, dévaste cette barbe blanche et
touffue.

— A pleine main, à pleine main ! ô lamentable,
lamentable revers !

— Pousse des cris aigus !

— Je t'obéis encore.

— Déchire d'une main violente les vêtements qui
t'enveloppent de leurs plis.

— O douleur ! ô douleur !

— Arrache tes cheveux en gémissant, car notre
armée n'est plus !

— A pleine main, à pleine main ! O lamentable,
lamentable revers !

— Fonds en larmes !

— Mes yeux en sont baignés.

— Réponds à mes cris par tes cris.

— Hélas ! hélas ! hélas !

— Retourne en pleurant à ton foyer,

— O Perse ! Perse, pousse un cri de douleur.

— Oui, que le cri de douleur remplisse la ville !

— Poussons des sanglots, des sanglots, des sanglots encore!

— Avancez lentement; poussez vos cris de douleur!

O Perse! Perse, pousse un cri de douleur!

— Hélas! hélas! notre flotte, hélas! hélas! nos vaisseaux ont péri.

— Je l'accompagnerai avec de tristes lamentations!

TROPHÉES DE LA VICTOIRE

I

ESCHYLE.

L'idée fondamentale de *Vie et Mort du Génie Grec* est de montrer l'influence des guerres médiques sur l'éducation, le tempérament, le caractère du génie héllénique.

Depuis la victoire de la Grèce, ce Génie représente l'identité de la raison humaine et de la raison divine. C'est sa propre statue qu'il dresse fièrement jusqu'aux nues ; fierté justifiée par la vraie grandeur. Invincible force d'esprit qu'Edgar Quinet admirait dans l'antiquité et qu'il voulait retrouver dans le présent comme une armure naturelle de l'âme humaine.

En 1839, dans son cours de Lyon, lorsqu'il étudiait Eschyle, Sophocle, Euripide, Pindare, Phidias, Périclès, Démosthènes, il évoquait seulement les figures idéales de la poésie, de la sculpture de l'éloquence :

C'était encore à une heure matinale de la vie, avant les luttes, avant l'adversité qui ajoute son enseignement et ouvre des perspectives nouvelles au penseur, à l'artiste. Nos désastres ont éclairé une face ignorée des chefs-d'œuvre antiques et ont révélé un sens caché.

Après le siège de Paris, il examinait les conditions de rénovation pour la France !

« Se ressaisir, reprendre son équilibre, ce doit être l'effort de chacun. D'où, la nécessité non seulement des travaux industriels, agricoles, mais aussi des grands travaux de l'intelligence. A cela doivent servir les forces amassées dans les œuvres des grands hommes. Elles réparent l'esprit des vaincus, elles rendent l'héritage du genre humain à ceux qui ont tout perdu.

« Essayez ce que peuvent les arts, les œuvres de l'antiquité, vous vous sentirez renaître dans ces sources sacrées ; tout prendra pour vous un sens nouveau.

« Les marbres des anciens, leurs statues, leurs temples, leurs poèmes, leurs histoires, ont des secrets à vous dire, que vous ne pouviez comprendre auparavant. Leur sérénité vous pénétrera. Demandez-leur la paix, la raison, l'équilibre, ils en ont fait provision pour vous.

« Sublime Vénus, échappée comme nous, avec nous, de la ruine, reviens à la lumière. Donne-nous ce que tu possèdes, enseigne-nous la grandeur et la force de l'âme. Apprends-nous à surgir comme toi des flots amers, le front serein, les yeux fixés sur l'immense avenir.

« Après nos calamités, quand j'ai rencontré pour la première fois une statue grecque, un poème grec, il m'a semblé que je ne les avais jamais vus auparavant m'accueillir de ce sourire divin. Que n'avaient-ils pas à me dire ? Pendant le siège de Paris, au fracas nocturne des obus qui pleuvaient sur mon toit, Homère m'a soutenu ; il m'a sauvé de la famine. Essayez de ce divin remède.

« Les créations des temps passés revivent devant nous plus belles, plus jeunes. Elles semblent nous dire :

« Vois ! nous n'avons pas changé. Mais toi, France, pourquoi es-tu si dépouillée ? De quelle nuit sors-tu ?

« Les Barbares ont-ils voulu te renverser et disperser tes membres ? Reviens parmi nous sur ton ancien piédestal, France, sœur, amie, fille comme nous de l'éternelle beauté.

« Oui, pour panser tant de plaies de la France, je voudrais appeler ici tous les dieux et les déesses et toutes les œuvres où l'esprit humain a mis sa puissance, sa grandeur, sa raison, sa bonté, son espérance.

« Quand les anciens auront apporté leurs baumes à ce blessé, je veux encore que les modernes y ajoutent leur plus pur breuvage et que la coupe se remplisse jusqu'aux bords des pleurs de la terre et du ciel.

« Dans l'abîme où nous sommes tombés, combien Homère me semble rajeuni ! que Platon me semble plus splendide, Aristote plus puissant ! je sens la main de ces grands hommes, ils me tirent du gouffre, ils me ramènent à l'éternelle lumière. Salut, aurore divine, jour nouveau, ciel que je croyais ne pas revoir !

« Je m'étais souvent demandé comment les guerres de l'antiquité grecque, à la belle époque de Périclès, avaient laissé si peu de traces de douleur dans les œuvres des contemporains. Je n'entendais aucun écho des cités envahies et saccagées. Si j'interrogeais les commentateurs ils me répondaient par l'éloge accoutumé du calme antique.

« La première fois que je relus une page de l'antiquité grecque, depuis la capitulation de Paris, ce que je cherchais m'apparut sur-le-champ. Nos désastres m'éclairèrent. J'entendis les cris de désolation auxquels j'avais été sourd jusque-là. Je discernais les gémissements des prisonniers, les

clameurs des populations asservies, je reconnus
les angoisses de notre Alsace, de notre Lorraine,
dans les paroles entrecoupées qui s'échappaient du
monde grec.

« Je retrouve, j'entends les lamentations de la
Grèce vaincue non pas dans les historiens qui se
faisaient une loi de rester impassibles, mais chez
les hommes qui parlaient au nom du peuple : je
veux dire dans les chœurs tragiques [1]. »

Reprenons quelques-unes des tragédies relues
si souvent ensemble, celles qu'Edgar Quinet aimait le plus. Certains passages caractérisent mieux
que de longues citations le génie des chefs-d'œuvre antiques.

Quoi de plus héroïque, de plus fier, que la proclamation d'Étéocle dans les **Sept devant Thèbes** ?

« Le devoir commande. Nous avons à défendre,
à sauver la cité, les autels des dieux de la patrie
et leur honneur menacé, et nos enfants, et cette
terre, notre mère, notre tendre nourrice, celle qui
porta tout le fardeau de notre enfance, depuis que,
naissant à peine, nous rampions sur son sol favora-
ble ; celle qui nous éleva pour être des citoyens

[1] *La République*. Conditions de Régénération de la France.

fidèles, de belliqueux défenseurs au jour de la nécessité. »

Entre tous, c'est Eschyle qui sait faire revivre les émotions terribles d'une cité en péril : angoisses, terreurs, invocations, espérances et désespoirs, tous les sentiments, toutes les pensées d'une ville assiégée éclatent à la fois dans ces tableaux ; nous les avons eus nous aussi sous les yeux en 1870-1871.

Les traits obscurcissent l'air « pressés comme les flocons de la neige qui tombe. » On entend jusqu'aux bruits des roues des chars de guerre. Quelle vigueur ! C'est bien un style aux assises d'airain.

« Déjà mugissent au pied de nos murailles les vagues de l'armée assaillante... Qu'ils ne s'écroulent pas sous les coups de l'ennemi vainqueur, ébranlés jusque dans leurs fondements, dispersés jusqu'à la dernière pierre ces foyers domestiques qui vous sont consacrés ! »

Et ce chœur de captives qui guettent avec angoisse du haut des murailles les progrès de l'ennemi ! C'est aussi beau que dans l'*Iliade*. Ah ! que l'antiquité a connu la douleur et l'a exhalée dans toute sa vérité ! qu'elle a fouillé l'âme humaine !

« La terreur ne s'endort pas dans mon âme. L'anxiété habite mon sein et rend ma frayeur plus vive... Commencer l'odieux voyage de l'exil... mon cœur sanglote dans ma poitrine. »

Le doute a envahi Eschyle : « Vous priez les dieux de protéger ces murs contre la lance des ennemis !... Mais on dit aussi qu'une ville prise, ses dieux l'abandonnent. »

Les femmes seules espèrent encore dans la puissance céleste : « Souvent elle guérit des maux sans ressources. Souvent elle dissipe le nuage de larmes amères qui charge les yeux de l'infortuné. »

Le héros aime mieux se fier à son bras. Aux menaces, au vain épouvantail, il répond : « Les emblèmes ne font point de blessures. »

« Que le ciel y consente, que le ciel s'y oppose, il renversera Thèbes, dit-il. — A cet homme, dont la bouche est pleine d'insolents discours, j'oppose un brave guerrier, un cœur brûlant de courage. »

« Celui-là ne connaît pas la jactance, mais son bras sait agir. »

« Il veut, non point paraître brave, mais l'être. »

Toute la bataille est peinte dans ce vers : « Furie impitoyable, à l'œil toujours sec, elle est à mes côtés, elle me crie : « La victoire d'abord, la mort « après ! »

Quel enseignement puiserons-nous dans les Choë-

phores ? Cette violence de sentiments tragiques n'appartient presque plus à l'humanité, surtout à notre temps. Ce ne sont pas même les passions des hommes de l'âge de pierre ; tout au plus celles des dieux.

Et pourtant cette haine antique, cette douleur antique arrivée à sa plus sombre expression révèle des puissances de l'âme aujourd'hui affaiblies ou disparues, sentiments profonds, inflexibles, immuables, religion de la justice, piété filiale, fraternelle, égale à cette religion ; c'est là, si je ne me trompe, l'idéal que nous offre l'antiquité ; Eschyle surtout l'exprime avec une éloquence suprême.

Ce même poète des Euménides, inspiré par la pâle Erynnis, enseigne le culte fidèle, l'impérissable tendresse qui unit les vivants aux morts. Ces dialogues d'Electre et d'Oreste devant le tombeau d'Agamemnon sont bien dans la nature humaine. Changez les passions atroces de l'âge de bronze, mettez dans la bouche des survivants les invocations pieuses de deux âmes éplorées, énergiques, pleines de foi, entourées de périls, avec la volonté de les vaincre et de défendre une mémoire sacrée, et dites si la réalité, si le cœur humain, à trois mille ans de distance n'aurait pas les mêmes accents : « Mon père... je t'invoque ! — Et moi aussi, mon père, j'ai besoin de toi... — Si tu nous abandonnes, tes mânes resteront sans gloire... — Toujours, cette tombe sera le premier objet de mon culte. — Permets, ô terre, que mon père vienne être témoin du combat... — Au souvenir de ces outrages, te réveilles-tu, mon père ? Relèves-tu ta tête chérie ? Eh bien ! envoie donc la Justice combattre à côté de tes enfants, ou plutôt rends toi-même les coups qu'on te porte, si, vaincu jadis, tu veux vaincre à ton tour. — Entends ce dernier cri que je t'adresse, mon père. Vois tes deux enfants debout, près de ta tombe, prends pitié de ta fille, de ton fils. C'est ainsi que tu vivras encore malgré le trépas... Entends nos vœux, c'est pour toi que nous gémissons ainsi ; et nous exaucer, c'est te sauver toi-même. »

De toutes les conceptions d'Eschyle, ce sont peut-être les **Euménides** qui renferment la plus haute moralité, d'une portée philosophique admirable. La conscience réveille les remords parfois assoupis dans un cœur droit qui a failli *par la faute des dieux;* car Eschyle accuse hardiment les dieux d'attirer les hommes dans un guet-apens, de les enlacer par les liens de la fatalité. D'autant plus terribles, implacables, haletantes, ces furies, ces remords se redressent, harcèlent, poursuivent cette âme en détresse. Quand l'expiation par la douleur l'a épurée, alors la justice se transforme en clémence. La sagesse, une lumière supérieure (Mi-

nerve et Apollon), pacifie les voix inexorables de
la conscience et transforme les furies vengeresses
en vénérables déesses protectrices.

Il y a quelque chose de profondément humain,
dans cette pensée, que les regrets cuisants, pareils
à un feu, consument l'âme et préparent ce calme
si doux après l'orage de la douleur. La comparaison des maux soufferts s'ajoute à cette paix
divine et change réellement les Euménides en
Bonnes Déesses.

Dans une note inédite, Edgar Quinet dit, au
sujet des Euménides : « Combien de fois nous
faisons comme les Grecs, appelant bonnes déesses
nos Euménides ! Il nous arrive bien souvent de
cacher par un sourire le fantôme qui nous terrifie
au fond du cœur. »

Toujours on retrouve dans Eschyle le grand
citoyen, le combattant de Salamine, qui fait tout
converger vers la gloire de sa patrie : Rien de plus
touchant que ses souhaits pour Athènes ! Disons
Paris, et ce sont les mêmes que nous formons pour
la France :

« Des vœux de victoire, et d'une victoire toujours loyale ! Qu'avec eux conspirent et la terre et
les flots des mers, et le ciel et le souffle des vents !
Que le soleil lance sur cette terre de propices
rayons ! Que la terre soit féconde en fruits et en

troupeaux ! Que les citoyens vivent dans une prospérité que jamais n'affaiblisse le temps !... Que ta haine pour les impies grandisse encore... C'est la race seule de justes qui doit vivre exempte de maux... Que les citoyens soient pleins les uns pour les autres d'un mutuel amour ; pour l'ennemi d'une haïne unanime !... Écartez loin de ce pays le malheur et la tristesse ! N'envoyez que le bonheur et la victoire ! »

Les Suppliantes. C'est la tragédie des exilés. Ils n'ont pas trouvé en 1852 un hôte bienveillant (quoique indécis) comme Pélasgus. Les rois de toutes les contrées n'ont pas eu un instant d'irrésolution ; énergiquement ils ont expulsé les proscrits et les ont entraînés sur des vaisseaux rapides loin de ces rivages peu hospitaliers.

Quelle alternative de craintes, de regrets, de désirs dans l'invocation des malheureuses femmes :

« O terre aux nombreuses collines, qu'aurons-nous à souffrir ? Où fuir ?... Que ne puis-je devenir une noire fumée, monter vers les nuages et m'évanouir soudain ! Que ne puis-je comme la poussière m'élever sans ailes et me perdre dans les airs !... Ranime-toi, mon âme !... »

Et ces retours de la pensée vers le pays qu'on a

quitté : « Ma patrie sainte et antique, oui. ma patrie est en ces lieux.

— « Crie ! et que les clameurs passent en amertume toutes les plaintes, toutes les lamentations de la misère...

— « Hélas ! hélas ! j'ai demandé aux dieux leur secours ; ils m'ont accordé ma ruine. »

« Les vents qui poussent dans l'exil, les fatales douleurs, les guerres sanglantes, voilà l'objet de mon effroi. »

A la fin, éclate l'âme indépendante du citoyen d'Athènes. Le peuple intervient ; il a rendu un décret qui protège les Suppliantes et les défend contre les injustes agresseurs :

« Ce décret, c'est un clou solide qui l'a fixé, il est inébranlable. Nous ne l'avons point écrit sur des tables, nous ne l'avons pas scellé dans les feuilles d'un livre, mais la bouche d'un homme libre l'exprime devant toi sans détour. »

« Eschyle évoque le dieu personnel par les formules de la philosophie : quel qu'il soit il est la cause suprême... Non seulement les poètes tragiques décomposent les croyances de l'antiquité, mais ils ont des pressentiments tout divins. Ce sont les prophètes païens du christianisme [1]. »

----

[1] *Génie des religions.*

L'audace d'Eschyle se donne pleine carrière dans Prométhée. D'un mot, il caractérise le châtiment réservé aux bienfaiteurs de l'humanité : « Quel fut son crime ? Il aima trop les hommes. »

Défis intrépides aux puissances tyranniques qui oppriment le juste. En même temps quelle exquise poésie !

« Trop tard à ton gré la nuit viendra cacher le jour sous sa robe émaillée d'étoiles. Trop tard le soleil viendra dissiper le froid du matin. Tu vivras sans cesse accablé par la douleur du mal présent car celui qui doit te délivrer n'est pas né encore... Sentinelle inquiète, sans sommeil, sans nul repos, poussant mille plaintes, mille gémissements inutiles, car le cœur de Jupiter est inexorable. Toujours c'est un maître dur, celui qui commande depuis peu...

« Seul, il conserve un éternel courroux, lui, le tyran impitoyable de la génération céleste...

« — Il aura besoin de moi, ce maître des immortels !

« — Toujours de l'audace ! Malgré cette amère infortune, ne vouloir rien céder ?

« — Jupiter est cruel, je le sais. Le juste pour lui, c'est son caprice...

« Car c'est là le vice éternel des tyrans de soupçonner la foi de leurs amis.

« — Rentre en toi-même, forme-toi un nouveau

caractère. Un maître nouveau commande aux dieux.

« — Et qui donc lui arrachera le sceptre de la toute-puissance ?

« — Lui-même ; son imprévoyance, sa folie...

« Jupiter est moins que rien à mes yeux. »

«... Eh ! maîtres nouveaux, votre empire est d'hier, et vous vous imaginez que vos palais ne peuvent pas connaître la douleur ? N'en ai-je donc pas vu chasser deux rois ? Et le troisième, celui qui commande aujourd'hui, je verrai, oui je verrai bientôt sa chute honteuse. Moi, sentir la crainte ! Moi, trembler devant les dieux nouveaux ! N'en crois rien. Il s'en faut de beaucoup, il s'en faut tout encore. »

«... En vain, tes discours m'importunent ; c'est parler aux flots de la mer. Ne va pas te mettre jamais dans l'esprit que moi, effrayé par l'arrêt de Jupiter, je deviendrai faible d'esprit comme une femme ; que j'irai comme une femme lever des bras suppliants vers celui que j'abhorre de toute ma haine, et le conjurer de briser mes fers. Loin de moi cette lâche pensée...

« Qu'il dure donc ce délire ! si c'en est un de haïr ses ennemis ! »

II

SOPHOCLE.

« Quant à Sophocle, la spiritualité croissante
de la poésie a déjà passé tout entière dans sa langue. On peut la comparer au dessin le plus pur
d'un vase antique. Ce n'est souvent qu'un trait,
mais ce trait est la ligne même de la beauté.

« Rien n'a surpassé jamais l'originalité, la vie,
la grâce de cet art souverain ; plus les imaginations
de nos jours sont impatientes, haletantes, plus il
leur conviendrait de se reposer par intervalles dans
la méditation de cette beauté qui doit sa supério-
sité sur toutes les autres à sa sérénité même. »

Trente-cinq ans après ces lignes, Edgar Quinet
revenait à Sophocle. Il avait montré jadis le bel
adolescent, la lyre en main, conduisant le chœur
des danses autour des trophées, célébrant Salamine.

Maintenant il le suivait jusqu'au bois de Colone,
à l'ombre des oliviers, où le vieillard écrivit au
chant des rossignols sa dernière œuvre de génie.

Il voulait montrer l'universalité et la plénitude des facultés chez les anciens. Vainqueur d'Eschyle dans une tragédie, Sophocle joint à ce triomphe une gloire toute différente, Athènes l'a nommé général dans la guerre contre Samos, stratège, collègue de Périclès.

C'est un poète ! Sans doute ; mais c'est le grand citoyen, le grand politique, le grand penseur.

Dans son extrême douceur le génie d'un Sophocle, d'un Pindare, réunit à la fois l'âme de Léonidas, de Périclès et d'Epictète ; le héros, l'homme d'État, le moraliste.

Dur sacrifice que celui du poète, qui replie ses ailes pour gravir les arides sentiers politiques. Lui qui vivait de lumière, de beauté, le voilà aux prises avec les laideurs et les noirceurs humaines.

La splendeur du vrai l'illumine encore dans son devoir de citoyen, comme dans ses inspirations les plus idéales ; mais avec quelle joie il reviendra à cette chaude et éblouissante région de la fantaisie.

Le poète de l'antiquité exigeait des hommes un effort, une vertu. Lui-même, il mettait en pratique les préceptes éternels du beau et du bien. Il ne se bornait pas à proclamer des règles d'harmonie, il en était l'exemple vivant, et sa vie devenait ainsi plus belle que la plus parfaite de ses œuvres.

— — —

« Les créations du temps passés revivent devant nous plus belles et plus jeunes. »

Cherchons un écho à ces paroles. Pures et suaves filles du ciel de la poésie, répondez à celui qui voulait encore une fois vous rappeler à la vie !

Piété, fidélité au delà de la mort, tendresse ineffable, attente invincible du jour de la justice pour châtier le crime, douleur inguérissable suivie d'une joie radieuse en retrouvant celui qu'elle croyait avoir perdu à jamais, tous les contrastes à la fois, les sentiments les plus doux et les sentiments les plus farouches, voilà **Electre**.

D'abord elle éclate en larmes : « Jamais je ne cesserai de faire entendre mes gémissements et mes cris, tant que je verrai les astres brillants de la nuit, tant que je verrai la lumière du jour.

« Mes lamentations n'auront point de terme, jamais je ne cesserai de pleurer. »

Puis, ces mâles accents : « Ai-je cessé de vivre ? Je vis mal sans doute, mais assez pour moi. Je les importune. »

Le Chœur : « Si mon esprit aveuglé ne s'abuse et n'a perdu le sens, la justice clairvoyante s'avance, portant en ses mains le châtiment du crime. »

Ce qu'il y a de plus tragique dans **Ajax**, c'est de voir le héros, le grand homme en butte aux moqueries de tout un peuple. Véritablement sa mort devient un soulagement pour l'âme oppressée par tant d'outrages ; il reprend enfin toute sa grandeur.

Le beau rôle est donné au fourbe, à l'astucieux Ulysse qui a causé les malheurs du héros. Chose plus étrange, la conscience publique représentée par le chœur le proclame comme le sage des sages.

Teucer c'est le devoir intrépide, cœur fier et libre, supérieur à sa mauvaise fortune, supérieur aux puissants qui le menacent.

« Ta langue nourrit un terrible courage ! — La fierté est permise quand on a pour soi la justice. »

Une figure touchante, c'est la femme d'Ajax, fille de roi, captive du héros. Elle s'efforce vainement de consoler la douleur sublime d'Ajax : « Ténèbres qui êtes ma lumière ! » A ce cri, la tendresse répond : « Ai-je une autre patrie, une autre fortune que toi ! Je ne vis qu'en toi ! »

Que de pensées fortes, élevées, délicates ! « Le trait lancé contre les grandes âmes atteint son but... C'est contre l'homme puissant que l'envie se glisse... »

« La haine même ne saurait sans crime poursuivre un grand homme au delà du tombeau. »

Et ce mot fier et superbe d'Ajax : « Avec les dieux, un lâche même peut obtenir la victoire ; moi je me flatte, sans leur aide, d'acquérir cette gloire. »

Et ses adieux à la vie: « Brillante clarté du jour, soleil radieux, je te parle pour la dernière fois. Ô lumière, sol sacré de Salamine, ma patrie, foyer de mes ancêtres, glorieuse Athènes, amis élevés avec moi, fontaines, fleuves, campagnes de Troie, je vous salue. Adieu, ô vous qui m'avez nourri. Ce sont les dernières paroles qu'Ajax vous adresse; je dirai le reste aux enfers. »

Un des plus beaux passages de Sophocle se trouve dans Œdipe-roi, cette création pathétique, où résonne toute la gamme des douleurs humaines, les plus terribles, les plus invraisemblables et pourtant les plus naturelles. Oui, les malheureux se sentent un peu calmés par tant d'infortunes en se voyant dépassés. En même temps, quel haut idéal dans ces vers:

« Puisse-t-il m'être donné de conserver la sainte pureté dans toutes mes actions et mes paroles, et de régler ma vie sur ces lois sublimes, émanées des cieux... dont l'origine n'a rien d'humain ni de mortel, et que jamais l'oubli ne peut abolir ! En elles vit la puissance divine et la vieillesse ne peut les atteindre. »

Antigone.

Ô femme ! fragilité est ton nom, s'écrie le grand tragique anglais.

Sacrifice et noblesse, voilà ton vrai nom, dit Sophocle. Et il crée le type d'Antigone.

La douleur, l'immolation sont tellement dans la destinée de la femme, que les situations les plus infortunées semblent son cadre naturel. Tout au contraire pour l'homme, le roi de la création, l'être fort; on ne peut supporter le spectacle de sa misère. Voir cet invincible déchu, désarmé, réduit à un tel état de faiblesse et d'indigence que la main d'un enfant guide ses pas chancelants, comment affronter cette émotion? Vienne la mort, cet équilibre suprême, elle remettra l'ordre et la justice dans l'anomalie de la vie!

Antigone, unique appui du vieillard aveugle, banni, affaissé sous le poids de l'âge et de la persécution, est encore plus grande dans son rôle filial, que dans son rôle fraternel. Plus tard, l'action, la lutte engagée contre le tyran transforment l'intrépide jeune fille en héros; seule contre un univers conjuré.

Mais dans **Œdipe à Colone**, une frêle enfant, protectrice de l'exilé, du vieillard expirant, c'est l'épreuve sans pareille. Quels sentiments agitaient ce cœur! Respect sacré du malheur et de la vieillesse; tendresse filiale immense; craintes et sollicitude d'une mère chargée d'un être sans défense; vénération et amour pour celui qu'elle aurait voulu entourer de gloire et de bonheur. Et maintenant le voilà errant, mis au ban de l'espèce humaine, chargé d'injustes malédictions, car il n'est pas coupable de ses crimes inconscients.

Elle le sait; et ce sentiment devait à lui seul maintenir son cœur très haut. Mais cette fille sublime est trop absorbée par son père, trop attentive à lui aplanir la route terrible qui ensanglante ses pieds. Il faut un trésor inépuisable de bonté, de piété, de courage pour suffire à tout dans cette existence dépouillée d'espérance, de justice, de repos et d'abri.

Les rôles sont renversés. Le malheur a brisé le vieillard; ce n'est plus un homme, mais un faible enfant désarmé; le jouet, la risée du passant, s'il n'était sous la garde de cette âme vaillante, archange qui l'abrite de ses blanches ailes.

Ah! qu'elle honore la nature humaine; cette sainte Antigone!

Ici, le miracle n'entre pour rien dans la légende. La piété filiale répand le baume sur les blessures, nourrit et désaltère la pauvre vie confiée à sa garde. Vie si amoindrie, si ébranlée par les ténèbres et l'adversité! On a peine à entendre cette voix affaiblie qui interroge le guide, sur les moindres mouvements:

Où sommes-nous? — Où poserai-je le pied? Où es-tu?

Image déchirante qui arrache des larmes à la simple lecture.

Un seul point soutient la figure morale d'Œdipe et lui conserve un caractère auguste; c'est le sentiment très vif de son innocence qui éclate chez lui avec fierté, et le respect de soi-même qu'il puise dans l'injustice des dieux.

De là aussi, une solennité superbe à l'heure de sa mort. Dans le bois mystérieux de Colone, où les rossignols chantent l'hymne éternel de la nature, sous les ombrages sacrés, sillonnés par la foudre, au milieu des fracas du tonnerre, l'infortuné disparaît dans le gouffre aux fondements d'airain. Il trouve enfin le repos dans cette terre sainte, consacrée aux vénérables déesses, aux furies apaisées; apaisées sans doute par la piété d'Antigone, par sa vie si pure offerte en holocauste.

Comment ne pas citer les principales beautés de cette œuvre admirable, surtout le chœur où Sophocle célèbre le bourg qui l'a vu naître :

« Étranger, te voici dans le séjour le plus délicieux de l'Attique, à Colone, riche en coursiers; là de nombreux rossignols, à la voix mélodieuse, gazouillent dans de fraîches vallées, cachés sous le lierre touffu et sous le feuillage de mille arbres chargés de fruits, dont le soleil ne perce jamais l'ombre épaisse et que n'insulte jamais le souffle des vents glacés... Là fleurit chaque jour, sous la rosée céleste, le narcisse au calice gracieux, antique couronne des grandes déesses, et le safran doré ; les eaux du Céphise, qui ne s'arrête jamais, serpentent à travers la plaine, et, dans leur cours intarissable, fécondent de leurs eaux limpides, le sein de la terre.....

« Sur cette terre croît un arbre... devant lequel reculent les lances ennemies... C'est l'olivier au pâle feuillage..... Jamais une main étrangère ne pourra l'extirper du sol, car l'œil toujours ouvert de Jupiter, protecteur des oliviers sacrés, et Minerve, aux yeux bleus, veillent sur lui [1]. »

Tel est le lieu de la scène. Arrive Œdipe, défaillant, soutenu par Antigone : « Ma fille, si tu aperçois quelque siège dans un lieu profane ou dans quelque bois sacré, arrête ici mes pas. »

Antigone le fait reposer sur une roche : « Tu as fais un long chemin pour un vieillard ! »

Il est assis, elle garde son père aveugle ; mais l'approche d'un étranger les trouble : « Vient-il de notre côté ? Presse-t-il le pas ? — Il est déjà devant nous ; demande-lui ce que tu veux. Le voici. »

Malheur ! il apprend que ce bois sacré lui est

[1] Sophocle lut ce passage devant les juges dans le procès contre son fils.

interdit, on veut le chasser. A sa prière, l'étranger va chercher le chef de la contrée, Thésée.

« Ma fille, l'étranger est-il parti? — Il est parti, mon père, tu peux donc parler en paix. Je suis seule auprès de toi. »

Alors commence cette invocation aux déesses vénérables et terribles : « Accordez-moi, enfin, de terminer ma vie, si les maux excessifs qui m'accablent ne vous paraissent pas trop peu pour Œdipe ! »

Antigone : « Garde le silence, voici des vieillards qui s'avancent.

Œdipe : « Retire-moi d'ici, cache-moi dans ce bois. »

Le chœur courroucé commande au téméraire de sortir de ce bois consacré aux déesses inexorables. L'infortuné interroge Antigone, sa lumière, sa conscience :

« Ma fille, quel parti prendre? — Mon père, il faut obéir. — Soutiens-moi..... O étrangers, ne me faites point de mal, quand, pour vous obéir, j'aurai quitté cet asile. »

Et toujours consultant sa fille, le malheureux aveugle demande :

« Avancerai-je encore? Est-ce assez? — Suis-moi, mon père, suis-moi où je te conduis. — Mène-moi, ma fille, en un lieu où je puisse répondre à ceux qui me parlent. — Arrête ici. —

Est-ce ici? — Oui, c'est assez. — Resterai-je debout? — Tu peux t'asseoir sur cette pierre. — C'est à moi, mon père, de diriger doucement tes pas. Appuie sur ce bras, ton corps languissant. — Hélas! ô triste destinée! »

Le chœur l'interroge : Parle !

Et lui, s'adressant toujours à Antigone : « O! ma fille, que répondrai-je? Hélas! que faire, ma fille?

Antigone : « Parle, puisque tu en es venu à cette extrémité. »

Le chœur épouvanté en apprenant qu'il est le fils de Laïus : « Sortez, fuyez loin de cette contrée!»

Alors Œdipe retrouve sa fierté d'homme et reproche au peuple sa lâcheté :

« Et tes promesses, comment les tiens-tu?... On dit qu'Athènes respecte singulièrement les dieux, que seule elle sauve l'étranger malheureux et lui porte secours. Qu'est-ce que tout cela est devenu pour moi? Après m'avoir attiré hors de l'asile que j'ai choisi, vous me chassez encore par la seule crainte de mon nom ! »

La touchante prière d'Antigone se joint aux fières paroles du proscrit : « Je t'implore par ce que tu as de plus cher! ton enfant, ta promesse! »

Ici un intermède; l'arrivée de la seconde fille

amène l'éloge d'Antigone ; Œdipe compare sa conduite à celle de ses frères : « Depuis qu'elle est sortie de l'enfance et qu'elle a pris quelque force, toujours errante avec moi, elle a soutenu ma vieillesse, supporté la faim, marché nu-pieds à travers les ronces des forêts, bravant les pluies ou les feux du soleil, méprisant les jouissances de Thèbes, pour soutenir l'existence d'un père... »

« Des fils qui auraient pu secourir un père, refusent de lui prêter assistance ; faute d'une parole de leur part, j'ai été abandonné à l'exil, à l'indigence. »

Le chœur, ému de pitié, lui enjoint de faire des expiations aux déesses. Comme un débile enfant, il s'informe des mouvements les plus simples ; ils sont encore trop difficiles, trop au-dessus de sa force ; il prie une de ses filles de se charger des libations : « Hâtez-vous donc, mais ne me laissez pas seul, mon faible corps ne pourrait marcher sans guide. »

Voici Créon, son persécuteur : pour attirer Œdipe sur la terre de Cadmus, il emploie un langage plein de douceur, mais ses exhortations hypocrites restant vaines, il ordonne à ses gardes de saisir Antigone et Ismène, de les arracher à leur père. Alors éclatent les accents pathétiques de désespoir filial :

Antigone : « Hélas ! où fuir ? Quels secours des dieux ou des hommes implorer ? On m'entraîne ! Malheureuse ! »

Œdipe : « Où es-tu, mon enfant ? — On m'emmène de force !

— Tends-moi le bras, ma fille ! — Hélas ! je ne puis !

Œdipe : Hélas ! malheur à moi. »

Après ce coup, l'honnête Créon raille le vieillard : « Désormais tu n'auras plus d'appui pour tes pas chancelants... Jouis de ton triomphe ! »

Il veut même s'emparer d'Œdipe. Mais Thésée arrive à point pour empêcher l'attentat, et « s'épargner la honte d'avoir laissé un hôte sans défense. »

A ses ordres, des cavaliers s'élancent pour arracher les jeunes filles aux mains des ravisseurs.

Elles reviennent, le chœur l'annonce. Les voilà. Œdipe n'ose y croire :

« Où sont-elles ? Quoi ? Qu'as-tu dit ? »

Mais la voix d'Antigone frappe son oreille : « Vous voilà donc, mes filles !... Approchez... que je vous presse entre mes bras ! Bonheur que je n'espérais plus ! »

Il en doute encore : « Où êtes-vous ? où êtes-vous ! Appui de ma vieillesse ?... Je possède ce que je chéris le plus. Je ne mourrai pas le plus infortuné des mortels, si vous êtes près de moi. Serrez-vous contre mon sein; pressez votre père, sauvé du triste abandon où le réduisait votre absence ! »

Ces transports d'une joie inattendue dans une destinée tragique sont si vrais! Que de degrés dans l'infortune! Œdipe éprouve maintenant un profond bonheur, puisqu'on lui a rendu ses filles. C'est bien dans la nature humaine; l'âme, plongée dans l'adversité, s'attache tout à coup à la plus frêle consolation, du moment qu'elle est menacée de perdre même le dernier chaînon de son existence.

Une autre scène pathétique, l'entrevue du fils coupable et les imprécations d'Œdipe mettent encore en relief le rôle admirable que Sophocle réserve aux femmes :

Maudissant le parricide, Œdipe s'écrie : « C'est à toi que je dois de mendier chaque jour le soutien d'une vie infortunée ; si je n'avais mis au monde ces jeunes filles, grâce à toi, je n'existerais plus. Aujourd'hui elles me guident, elles me nourrissent; elles ont, pour partager ma misère le courage de l'homme. »

Quoi de plus solennel que la fin d'Œdipe; dirai-je la mort? Non la renaissance; l'enthousiasme de la mort lui rend la vigueur de la jeunesse et la clarté. Le tonnerre gronde, la foudre ailée le conduira chez Pluton : « Mes filles, voici l'heure... Je ne puis m'y soustraire... Marchons au lieu marqué, ne tardons pas davantage. Suivez-moi, mes filles, je vous servirai de guide, comme vous avez été le mien jusqu'à ce jour. Venez ; ne me touchez point. Laissez-moi trouver seul le tombeau sacré où le destin a marqué ma sépulture. De ce côté... venez de ce côté. O lumière invisible à mes yeux, mais que j'ai pu contempler autrefois, mon corps ne sentira plus l'effet de tes rayons ! »

Son dernier mot à ses filles, agenouillées et en larmes, est admirable de simplicité et de profondeur :

« Mes enfants, de ce jour vous n'avez plus de père, tout est fini pour moi ; désormais vous n'aurez plus à me donner des soins... Un seul mot vous récompensera de vos peines :

« *Personne ne vous aimait plus que moi.* »

Cette mort, après une vie si infortunée, a un caractère de sérénité et de triomphe. Il y a là une certitude tranquille que la mort est un bienfait, le repos dans la paix éternelle. Rien n'égale la beauté mystérieuse de ces détails, rien, si ce n'est le cri d'Antigone : « On peut donc regretter même le malheur ! Ce qui faisait ma joie était bien peu de chose ! Et cependant c'était ma joie quand je le tenais entre mes bras ! »

C'est la figure d'Antigone que j'étudie, non la tragédie ; aussi bien **Œdipe à Colone** est la première partie d'**Antigone**.

Cette grande âme s'élève toujours plus haut. Son nom est resté synonyme de vertu. L'antiquité laisse peu à ajouter aux modernes. Si le christianisme a créé un type de pureté, de sainteté dans la madone, tenant l'enfant divin dans ses bras, la poésie grecque nous offre un idéal non moins divin dans cette vierge, modèle de tendresse filiale et fraternelle. L'héroïque jeune fille brave la loi des tyrans et préfère la mort, pour remplir sa promesse.

C'est un honneur éternel pour l'antiquité d'avoir conçu une idée aussi élevée, aussi accomplie de la femme. Antigone réunit toutes les qualités de l'âme humaine : la force intrépide, l'action héroïque, l'audace de l'athlète qui lutte contre des bêtes fauves, la piété d'une âme sainte et fidèle ; en même temps la fermeté d'une âme altérée de justice et qui puise sa foi dans l'idée du droit éternel, droit antérieur à toute législation. C'est là ce qui soutient une volonté que rien ne lasse, un courage que rien n'intimide, une hautaine et sereine indifférence de la douleur, de la torture, de la mort.

Que dis-je ? elle a l'enthousiasme du martyre ; mais cet enthousiasme est réfléchi. Ce n'est pas un sentiment surnaturel qui se fie aux récompenses célestes, sentiment qui inspira tant de nobles héroïnes chrétiennes. Non; Antigone s'immole stoïquement à l'idée du devoir. Pour elle, nulle espérance, la pensée austère de ce qu'elle doit à son frère la soutient contre les menaces de l'affreux châtiment. Cette douce jeune fille sait qu'elle va encourir mille fois plus que la mort ; on l'ensevelira vivante dans un tombeau. Sacrifice de la vie d'autant plus amer, que cette jeune vierge aimante est aimée; la vie lui sourit ; la jeunesse, l'amour, lui font chérir le soleil des vivants. Elle descendra avec fermeté dans le froid sépulcre ; elle bravera les traitements barbares et la lâche indifférence du peuple pour accomplir un devoir. Cette opposition des sentiments les plus énergiques, les plus virils et la plainte touchante de la jeunesse, de la beauté, inspirent au poète des accents divins.

Il n'ajoute aucune compensation au sacrifice d'Antigone. Elle meurt ; son fiancé se donne la mort, comme Roméo, dans le même sépulcre, et il ne reste de cette tragique aventure que l'idée d'une loi de justice éternelle supérieure à la justice humaine. Telle est la maxime puisée dans cette action. Malgré la jurisprudence et les constitutions, cette maxime restera toujours vraie et continuera, dans les crises suprêmes, à inspirer les individus et les peuples. L'âme humaine n'hésitera pas quand elle aura à choisir entre la loi écrite et la loi supérieure, identifiée à l'idée même de la justice.

C'est à ces lois qu'obéit Antigone. Elle dit hardiment au roi :

« Je ne pensais pas que les décrets d'un mortel tel que toi pussent prévaloir sur les lois non écrites. œuvre immuable des dieux.

« — De tous les Thébains tu es la seule qui penses ainsi de moi.

« — Ils ont les mêmes pensées, mais la peur étouffe leur voix.

« — Mais on ne doit pas traiter également l'homme de bien et le méchant.

« — Qui sait si ces maximes règlent la justice des enfers. »

Et elle ajoute ce mot suave, féminin :

« Mon cœur est fait pour aimer, non pour haïr. »

III.

EURIPIDE.

« Euripide avait assisté aux horreurs d'une
guerre de vingt-deux ans; il avait vu passer devant lui les blessés, les veuves, les mères, les orphelins, les captifs, et il a répété leurs sanglots, il
a écrit avec leurs larmes. Cela est pris sur la nature. Seulement il a rejeté ces échos de la guerre
du Péloponèse dans les ruines et l'incendie de
Troie. Les cris se sont éloignés, mais ils sont si
perçants qu'ils arrivent à notre oreille. C'est la vie
et non pas l'imitation de la vie. Lisez à ce point
de vue les *Troyennes*, *Hécube*, les *Suppliantes*
vous reconnaîtrez avec moi le cri d'une douleur
toute vive. Vous sentirez saigner vos blessures.
Ainsi nos misères actuelles rajeunissent pour nous
ce vieux monde immortel, elles donnent un sens
plus profond à ce que nous savions; elles nous
font découvrir ce que nous n'avions jamais aperçu.
Elles nous profiteront à nous-mêmes et à nos descendants, si nous savons en user[1] ?

[1] *La République.*

Si la tragédie d'*Hécube* garde encore l'écho des guerres du Péloponèse et représente le génie de l'historien, on retrouve dans les *Suppliantes* l'homme politique ; dans les *Phéniciennes*, le chant de l'exilé. *Alceste* est une création d'autant plus glorieuse pour les femmes, qu'Euripide a été accusé d'être leur ennemi. Dans *Oreste*, c'est la nature humaine prise sur le vif, avec toutes ses défaillances, ses misères. Enfin, comme fraîcheur de poésie, Edgar Quinet ne mettait rien au-dessus de *Ion*.

Peu de passages suffisent pour signaler les aspects divers du génie d'Euripide :

Parfois il y a en lui plus du drame que de la tragédie. Beaucoup d'effets violents, de surprises et d'émotions scéniques, plutôt que la grande et austère simplicité. Avec cela une délicatesse de pinceau que nul poète n'a surpassée.

Quelle suave figure que celle de Polyxène ! Elle est digne de son frère Hector, cette fière jeune fille, qui veut mourir depuis qu'elle est captive.

... « Esclave !... Ce nom seul me fait aimer la mort, ce nom auquel je ne suis point faite. »

Hécube : « Même avant la mort, le malheur m'a tuée ».

« Ayez des amis, et non seulement des proches, dit Euripide. Un ami dont le cœur sympathise avec le nôtre, fût-il étranger, vaut mieux que mille parents. » Pourtant son Electre est le type de l'amitié fraternelle. Voyez cette tendre sœur au chevet de son frère malade, écartant par des soins ingénieux les moindres bruits ; elle recommande au chœur des jeunes Argiennes des « accents adoucis comme les soupirs de la flûte... Elles baissent la voix, avancent doucement, doucement. »

Elles sont pleines de grâce, ces jeunes filles qui jettent leurs regards à travers les tresses flottantes de leurs cheveux :

« Quel sera, dis-nous, le terme de ses maux ?

— La mort. »

Les agitations qui succèdent au calme, les fureurs qui éclatent et s'apaisent, qui montent jusqu'au délire, suivies de nouveau par l'abattement de la maladie, tout cela est gradué avec tant de naturel.

Les pleurs d'Electre apaisent ces fureurs.

Oreste : « C'est toi qui soutiens et consoles mon âme désespérée, et lorsque tu gémis, c'est à mon amitié à calmer tes douleurs. »

« Je ne vis plus, parmi tant de maux, quoique je voie encore la lumière.

— Qu'éprouves-tu ? Quel mal te consume ?

— La conscience..... la conscience qui me reproche mes forfaits..... »

Electre réunit tous les contrastes du cœur humain : le sentiment le plus délicat et l'âpre vengeance ; rien n'arrête son bras pour châtier le crime, et son frère l'admire :

« O toi qui portes un cœur viril avec toutes les grâces d'une femme, que tu es digne de vivre, non de mourir. »

Edgar Quinet faisait cette remarque : Rien ne peint mieux le culte de la beauté chez les anciens que la fin d'**Oreste**. Euripide, l'ennemi des femmes, n'ose châtier Hélène ; la vraie coupable est seule épargnée dans le massacre général. Au moment d'être frappée, elle est enlevée par l'ordre des dieux. Hélène devient une brillante étoile du ciel.

La tragédie des **Phéniciennes**, qui exprime avec tant de force les douleurs de l'exil, a des harmonies éblouissantes comme les offrandes d'or du temple de Delphes. Relisez ce chœur de femmes, leur invocation au soleil, le tableau du Parnasse : « O montagne dont la flamme illumine le double sommet ! »

Après ce chant mélodieux, des accents d'airain : « Perdre la patrie, est-ce un si grand mal ? — Très grand, et plus grand à l'épreuve qu'on ne peut l'exprimer. — En quoi consiste-t-il ? Que souffrent les exilés ? — Une souffrance horrible. Ils n'ont plus la liberté de parler. — Ne pouvoir dire ce que l'on pense, c'est la condition d'un esclave. »

L'audace d'esprit d'Eschyle et de Sophocle est égalée par ce vers d'Euripide, ce défi aux dieux :

« Est-il donc juste que vous, qui avez écrit les lois qui nous gouvernent, vous soyiez vous-mêmes les violateurs des lois? S'il arrivait qu'un jour les hommes vous fissent porter la peine de vos violences et de vos criminelles amours? »

Et ce mot superbe de la justice satisfaite : « Maintenant que j'ai vu ce jour inespéré, je crois qu'il est des dieux, et mes infortunes me semblent allégées depuis que ceux-ci ont subi leur châtiment. »

Toute la science politique est dans cet axiome : « La multitude est redoutable lorsqu'elle a des chefs pervers. Mais lorsqu'elle en a de bons, elle veut toujours le bien. »

Il y a des pensées qu'il faudrait graver en exergue : « Courage ! En marchant à la lumière de la justice, tu peux braver les vains discours des hommes. »

Tout a été dit, je crois, sur **Alceste**, ce type de tendresse conjugale, heureuse, heureuse de pouvoir mourir pour sauver celui qu'elle aime ! Admète la peint d'un trait dans les reproches désespérés qu'il adresse à ses parents : « Cette femme que seule aujourd'hui j'ai droit de regarder comme ma mère et comme mon père. »

Qui peut lire sans larmes cette scène où Hercule épie la mort près du tombeau d'Alceste : « Si je puis la saisir, l'envelopper du cercle de mes bras, il ne sera au pouvoir de personne de me l'arracher les flancs tout meurtris avant qu'elle m'ait rendu Alceste. »

Et le final : Hercule rentre avec la femme voilée ; c'est Alceste qu'il ramène à la lumière. Quel moment que celui où il soulève le voile et la montre à son mari ! Elle ne parle pas, l'effet est d'autant plus solennel. Cette conception de génie suffirait pour mettre Euripide au premier rang des poètes.

Terminons ces citations par le monologue d'Ion, chef-d'œuvre de grâce, d'innocence, qu'Edgar Quinet relisait avec ravissement dans une de ses dernières soirée du mois de mars 1875. Le jeune gardien du temple d'Apollon semble avoir servi de type à Éliacin :

« Allez, ministres de Phébus que Delphes adore, allez vers la source argentée de Castalie, et après vous être lavés dans ses eaux pures, entrez dans le temple... Pour moi, fidèle aux soins que je remplis depuis mon enfance, je vais purifier l'entrée du temple avec des branches de laurier et des couronnes sacrées, en répandant sur la terre une fraîche rosée...

« Viens, rameau verdoyant du laurier touffu, destiné à purifier le sol que couvre la voûte du temple d'Apollon, toi qui crois dans les jardins des immortels, où de saintes rosées font jaillir une source intarissable pour arroser la chevelure sacrée du myrte, dont le feuillage me sert chaque jour, dès que le soleil prend son vol rapide, à balayer le temple du dieu auquel je rends un culte assidu... Mais laissons reposer ce rameau de laurier; de ces vases d'or je répandrai l'eau limpide des sources de Castalie, je la verserai d'une main pure de souillures. Puisse ma vie s'écouler ainsi au service d'Apollon, ou puissé-je ne la quitter que sous d'heureux auspices! Ah! que vois-je? Les oiseaux du Parnasse ont quitté leurs nids. N'approchez pas des voûtes du temple, n'entrez pas sous ces lambris dorés. Je te percerai de mes flèches, héraut de Jupiter, toi dont les serres recourbées triomphent des autres oiseaux.

« Voici maintenant un cygne qui vogue à travers les airs, jusque dans le sanctuaire. Que ne portes-tu ailleurs tes pieds éclatants comme la pourpre? Ta voix, dont les accents rivalisent avec la lyre d'Apollon, ne te dérobera pas à mes traits. Éloigne-toi à tire d'aile et va dans le lac de Délos faire entendre tes chants harmonieux; ton sang, si tu ne m'obéis, me vengera de ton audace...

« Ah! quel est ce nouvel oiseau qui arrive? Oset-il construire sous cette voûte sacrée son nid de chaume pour ses petits! Le frémissement de cet arc le fera fuir. Quoi! tu restes encore? Va sur les bords de l'Alphée ou dans les bosquets de Corinthe donner le jour à ta jeune famille et ne viens pas souiller les offrandes et le temple de Phébus.

« Je ne voudrais pas vous donner la mort, oiseaux qui annoncez aux mortels la volonté des dieux; mais je ne puis trahir les devoirs de mon ministère... »

Quel doit être le fondement moral du drame?

Je retrouve une note inédite de 1852, dans laquelle Edgar Quinet examine cette question :

« Toutes les littératures commencent par le tragique, par cette même raison suprême que les peuples comme les enfants débutent dans la vie en prenant tout au sérieux. C'est comme si l'on recherchait pourquoi ils commencent par les larmes plutôt que par le rire.

Dilater, agrandir les cœurs, c'était la fonction du théâtre grec. Verra-t-on quelque chose de semblable dans les temps à venir? Les grandes légendes de l'humanité ne pourraient-elles pas reparaître sur notre scène ?

C'est beaucoup assurément de s'être délivré des entraves factices de la forme classique, mais ne peut-on pas concevoir, sous le règne d'une démocratie, des développements nouveaux du théâtre? Les représentants du droit opprimé ne devraient-ils pas les premiers paraître sur cette scène agrandie? En un mot, il faudrait retrouver quelque chose de la mission du théâtre dans l'antiquité.

Tenir les âmes en haleine; replacer le specta-

teur au foyer non pas seulement de la cité grecque, mais de la cité éternelle, de la justice; lui
faire sentir qu'il est exilé du beau, du grand, du
juste; l'empêcher de s'accoutumer à un monde
mesquin; lui poser par moments la couronne immortelle sur la tête; lui laisser après cela le dé-
goût des jours rampants, le contraindre d'aspirer
à faire une vérité de ce monde de fantômes, le
remplir de la noble et majestueuse tristesse qui
suit une déchéance; donner à l'âme une certaine
trempe, voilà quelle devrait être l'éducation par le
théâtre.

L'un des plus grands plaisirs du poète dramatique sera toujours de nous faire vivre dans la fa-
miliarité d'un héros, de telle sorte que nous su-
bissons la contagion de son esprit, que nous nous
sentons entraînés dans sa sphère et que pour un
moment toutes nos forces sont doublées.

Ni la curiosité éveillée, ni la pitié, ni la terreur
ne me rendent compte de ce que j'éprouve devant
un des chefs-d'œuvre de l'art tragique, tel que les
anciens l'ont conçu. Il me semble qu'il se mêle à
cela quelque chose de plus grand, dont les criti-
ques ne me disent rien.

Quel doit être le fondement du drame? L'héroïsme. Élever l'esprit à la région héroïque, tel
est le lien moral que le drame peut se proposer.

Est-il vrai que les temps héroïques soient finis?

Montrez-moi donc que l'homme est sorti du combat.

Le principal effet que Corneille produit sur moi est celui dont il ne s'aperçoit pas et dont il ne dit rien dans ses *Discours sur la tragédie*.

J'ai peine à le retrouver dans cette foule de petites règles et de formalités, par lesquelles il croit m'enseigner son secret. C'est précisément ce qu'il semble ignorer. Ses préceptes s'appliquent à toutes les médiocrités.

Il ressemble à un héros qui écrirait un ouvrage sur la tactique, sur le maniement des armes. J'aurais peine à y reconnaître le vainqueur de Leuctres et de Mantinée. »

IV

Bons génies, qui planez sur les combats de la vie, nul d'entre vous n'a su mieux que Pindare répandre le baume salutaire aux blessures. Il a consolé plus d'un de ses frères en harmonie.

Enthousiasme, voilà son nom; sa vertu, sa candeur égalaient son génie. Le rayon de miel sur ses lèvres est le symbole de sa douceur d'esprit.

Et quelle vie heureuse! Idole de sa patrie, honoré de tous. De son vivant sa statue enorgueillit la ville qui lui donna le jour, car, chez les anciens, la gloire d'un grand poète c'est le patrimoine sacré de la cité entière.

Il meurt à quatre-vingt-six ans sur les genoux du disciple qu'il aimait. Et il se sentait vivre dans l'avenir.

Aussi dans un transport divin s'écriait-il : « Thèbes, dont je bois l'eau aujourd'hui, et dont j'immortalise par mes hymnes les enfants malheureux. »

Les dons surnaturels de cette figure idéale, cette

splendeur du vêtement qui enveloppe la pensée la plus haute, la plus pure, ont été définis dans la page suivante :

« En apparence, le plus païen de tous est Pindare, puisque adorateur du chant, de la parole mesurée, son idole est la lyre ; c'est même là ce qui explique sa popularité chez un peuple qui comptait ses années par ses jeux. Partout divisée, la Grèce ne se sentait unie que dans l'éclat des jeux olympiques, pythiens, néméens, et le poète qui chantait ces journées était véritablement le prêtre de l'alliance. En célébrant la fête de l'art, il célébrait la fête patronale de la Grèce.

Aussi lorsque ce nom est prononcé, oubliez tout ce que l'on a pu dire de la simplicité nue et rapide de l'antiquité. Dans ce style splendide l'or se mêle à l'ivoire, comme dans la statue de Jupiter Olympien. Au milieu de la pompe d'une cérémonie religieuse et civile, figurez-vous la Grèce vêtue de la pourpre de Tyr, c'est l'image de Pindare. A l'égard de ses croyances, ce David hellénique annonce l'avènement d'un maître plus puissant que Jupiter ; des anciens dieux de chair, il fait des dieux esprits ; il peuple le vieil Olympe de vérités morales, de sentiments, d'idées qu'il personnifie au même titre que les anciennes puissances de la nature. Les hymnes couronnées de myrte sont les rois de la lyre ; ils ébranlent sur les gonds leurs portes sonores ; l'enthousiasme, la sagesse, la loi, ces divinités nouvelles, sacrées par le poète, vont s'asseoir au fond du sanctuaire. »

A ce portrait de Pindare (dans le *Génie des religions*), Edgar Quinet eût ajouté encore bien des traits : sa fierté olympienne, les élans impétueux d'une grande âme, semblable à la flèche qui vole droit au but, l'invincible héroïsme, et par-dessus tout cette prodigieuse harmonie, que « rien ne peut éteindre », pas même une traduction.

Comment citer tous les passages qu'il se plaisait à me traduire :

« Je ne suis pas statuaire ; ma main ne sait point façonner des simulacres inanimés, pour les fixer sur une base immobile. Non, mes chants pénètrent en tous lieux. Vole donc, ô ma muse[1] ! »

« J'ai trouvé dans le sanctuaire un trésor où j'ai puisé mes chants, trésor indestructible qui n'a à redouter ni les pluies de l'hiver, ni les orages qui s'entrechoquent comme des bataillons armés, ni les vents qui roulent en tourbillons sur les gouffres des mers. Il brille de l'éclat le plus pur... et devient pour moi une source de chants harmonieux...[2]. »

« Ne ceins point ta tête de couronnes périssa-

____

[1] *Néméennes.*
[2] *Pythiques.*

bles; pour t'en tresser une à son gré, vois, ma muse rassemble l'or, l'airain, l'ivoire et cette fleur éclatante que produit la rosée des mers [1]. »

« Comme le souffle des vents est nécessaire au pilote ; comme les douces rosées du ciel, filles des nues, réjouissent le laboureur, ainsi les hymnes par leur harmonie récompensent l'athlète victorieux... »

Cette poésie semble éclose parmi « les bosquets touffus, que les violettes purpurines avaient parfumé de leurs suaves odeurs. »

En même temps elle s'allie à une grande hauteur d'esprit :

« Des hommes, ainsi que des dieux, l'origine est la même ; une mère commune nous anima tous du souffle de la vie. Le pouvoir entre nous fait seul la différence. Faible mortel l'homme n'est rien, et les dieux habitent à jamais un ciel d'airain, demeure inébranlable de leur toute-puissance. Cependant une grand âme, une intelligence sublime nous donnent quelques traits de ressemblance avec la divinité... [2] »

Les croyances religieuses de Pindare s'affirment

[1] *Néméennes.*
[2] *Néméennes.*

dans ces vers : « Et vous, dont les âmes habitèrent successivement trois fois le séjour de la lumière et trois fois celui des enfers sans jamais connaître l'injustice. »

Pindare ne croit pas aux fables de son temps; plus d'une fois il trahit son scepticisme; aussitôt il se le reproche : « Silence ma bouche! loin de toi de semblables récits. Cesse de proférer d'imprudentes paroles... chante plutôt la Cité... C'est là que la hardiesse sera donnée à mes pensées et la force à mes paroles. »

Voici les réflexions sur la vie humaine soulignées de la main d'Edgar Quinet dans la seconde quinzaine de mars 1875 : « Les âmes timides ne sont point faites pour affronter de grands dangers, et puisque la mort est inévitable, pourquoi attendre dans un indigne repos une vieillesse honteuse sans avoir rien fait pour la gloire[1]. »

Et cette célèbre strophe : Homme d'un jour! Qu'est-ce que l'être? Qu'est-ce que le néant? Tu n'es que le rêve d'une ombre et ta vie n'a de jouissance et de gloire qu'autant que Jupiter répand sur elle un rayon de sa bienfaisante lumière. »

Toutes les modulations alternent dans cette poésie, dans cette pensée; après l'accent de la mélancolie, une note céleste, puis un accord vigoureux :

[1] *Olympiques.*

« Et toi, fille de Jupiter, céleste Vérité, que tes mains pures éloignent de moi le soupçon odieux d'avoir voulu tromper un hôte, un ami. »

«... Jamais les mensonges du fourbe ne trouvèrent crédit auprès de l'homme vertueux. C'est en vain que ce reptile se replie de mille manières pour l'enlacer dans ses pièges... Loin de moi d'aussi viles attaques ! J'aime mon ami, je hais mon ennemi et comme un loup infatigable, je le poursuis dans les sentiers obliques et tortueux[1]. »

Et toujours ce glorieux lyrisme marche de front avec le bon sens, avec une rare lucidité d'esprit.

Il y a des passages où l'homme se révèle tout entier :

« Être enfant avec les enfants, homme avec les hommes, vieillard avec les vieillards, se proportionner à tous les âges de la vie, c'est le talent du sage[2]. »

Cet art achevé s'efface devant le naturel, le don inné : « Celui-là seul est vraiment sage, que la nature a instruit par ses leçons ; ceux qu'une étude pénible a formés se perdent en vaines paroles... C'est de la nature que nous vient tout ce qui est parfait. Cependant combien de mortels s'efforcent d'acquérir de la gloire par des vertus empruntées à l'art et aux préceptes. »

[1] *Pythiques.*
[2] *Néméennes*

Aux heures de découragement, nous relisions cette réflexion consolante : « Les antiques vertus s'altèrent à travers les générations, mais souvent elles reprennent leur éclat primitif. Les champs ne se couvrent pas tous les ans de fertiles moissons; chaque printemps, les arbres ne se chargent pas de fleurs odorantes, ni chaque automne de fruits abondants. Ils ont tantôt plus, tantôt moins de fécondité. Ainsi par l'ordre du destin s'efface et se renouvelle la gloire des mortels[1] ».

L'auteur de la *Création* avait aussi remarqué cette ingénieuse Genèse de l'île de Rodes et ce qu'on pourrait appeler les vues géologiques de Pindare : « Quand les dieux se partagèrent l'univers, Rhodes n'apparaissait point encore au milieu des flots; elle était cachée dans les profonds abîmes de la mer. Le soleil fut exclu du partage, il était absent... Le dieu du jour le rappelle à Jupiter, qui consent à diviser de nouveau le monde. » Mais Apollon s'y oppose : « Je vois, dit-il, sortir du sein des ondes écumantes une île féconde en moissons et en excellents pâturages[2]. »

Ailleurs, le centaure Chiron dit au soleil : « Toi qui connais l'impérieuse destinée de tous

[1] *Néméennes.*
[2] *Olympiques.*

les êtres, toi qui comptes les feuilles que la terre au printemps fait éclore et les grains de sable que les flots et les vents roulent dans les fleuves et dans les mers, toi dont l'œil perçant découvre tout ce qui est, tout ce qui sera![1] »

Edgar Quinet souligne aussi ce passage où Pindare attribue l'introduction de l'olivier en Grèce à Hercule. Selon la géographie fantastique du temps, Pindare croit cet arbre originaire des sources de l'Ister (dans la forêt Noire).

Pindare dit expressément ceci : « Hercule était petit de taille. » Comment les artistes n'ont-ils pas tenu compte de cette remarque ? elle suggère un monde de pensées.

Voici les deux vers uniques où Pindare mentionne les événements contemporains. Le premier est dans les Pythiques : « A Athènes, je chanterai les Athéniens, vainqueurs devant Salamine; à Sparte, je célébrerai ce combat où le Cithéron vit tomber les Mèdes aux arcs recourbés; sur les bords riants de l'Himère, je redirai la gloire que les fils de Dinomène ont acquise par la défaite de leurs fiers ennemis[2] ».

Il ne prononce pas le nom de Platée. Le silence douloureux qu'il s'impose est expliqué dans ce pas-

---

[1] *Pythiques.*
[2] *Pythiques,* I.

sage des Isthmiques : « Salamine, berceau d'Ajax, sauvée par ses flottes, ne fut-elle pas témoin de la bravoure de ses peuples, dans ce terrible combat où une multitude aussi serrée qu'une pluie orageuse tomba sous leurs coups, comme les feuilles sous les coups de la grêle. Toutefois, ô ma muse, que tes louanges soient réservées et circonspectes... *Mais les victoires des athlètes et leurs combats, ma lyre peut les célébrer sans crainte*[1] ».

Ce dernier vers confirme le motif du silence de Pindare.

[1] *Isthmiques,* V.

V

PHIDIAS.

Les noms entrelacés de Phidias et de Périclès resplendissent dans un même rayonnement de gloire et de beauté. On peut dire que l'un fut l'inspirateur de l'autre dans les œuvres de génie qui illustrèrent leur siècle.

N'est-ce pas Phidias qui a tracé à l'éloquence de Périclès ces grandes lignes austères et pures? Est-ce Homère seul qui offrit à Phidias le type de l'Olympien? Le caractère de sérénité, de clémence, de sagesse du Jupiter d'Olympie, immortalisaient peut-être l'expression et même les traits de Périclès.

Sur le socle de cette statue et sur la Minerve d'or, Phidias a gravé son nom; celui de son ami est attaché à toutes les merveilles de l'art : temples, colonnes, statues qui s'élevèrent dans l'Attique, et qui ont réalisé l'idéal par la pureté des formes et l'harmonie des proportions.

C'est à la déesse protectrice de la cité que Phidias consacre son génie. Il crée le type de Minerve-

Athéné, mais en le répétant sous diverses modifi
cations ingénieuses. Pour Platée, il la représente
dans l'attitude guerrière. Pour les Athéniens de
Lemnos, avec un caractère adouci de grâce. La
plus colossale de ses Minerves, la déesse qui combat
au premier rang (*Promachos*) dépassait tellement
les Propylées et le Parthénon, que les nautoniers
apercevaient de loin la pointe de sa lance et l'aigrette de son casque.

On voit encore sur un rocher de l'Acropole, entre
les Propylées et le Parthénon, la place où s'élevait
la grande figure de bronze qui veilla pendant tant de
siècles sur la citadelle et le sanctuaire de l'Attique.

On a parlé de la première manière de Phidias,
le *colossal;* et de sa seconde manière, les proportions moins grandes, mais plus belles encore. Tout
était prémédité, combiné savamment, chez l'artiste
de génie qui devina les lois de la perspective et de
l'optique, en architecture et en sculpture; ses
colosses étaient proportionnés à la hauteur des
colonnes ou des rochers qui les supportaient. Il en
était ainsi de la Minerve Promachos, debout sur le
roc de l'Acropole, et destinée à être vue dans le
lointain. Les médailles des musées de Londres et
de Paris la représentent vêtue de la longue tunique
et du péplum; elle s'appuie du bras droit sur la
lance; du bras gauche elle semble couvrir la cité
de son bouclier sacré.

Le chef-d'œuvre de Phidias, la statue d'or et d'ivoire de Pallas[1], trônait dans le Parthénon. La divinité, armée, victorieuse, exprime le calme et la majesté. Figure unique, d'une simplicité pleine de grandeur, et pourtant rehaussée par des ornements d'or d'une extrême richesse, répandue à profusion jusque sur les armes et même aux bords des sandales de la déesse. Ses vêtements d'or pouvaient s'enlever à volonté; ils pesaient quarante-quatre talents d'or. Les yeux de la Minerve étaient en pierres fines.

On a dit que, pour les modernes, il sera toujours difficile de reconnaître dans cette richesse d'ornementation un élément de beauté. Nous pouvons nous en rapporter au goût attique. Le génie de Phidias aura trouvé le secret de concilier la splendeur et la simplicité; il aura converti l'or en rayons éclatants pour envelopper la déesse d'un vêtement de lumière.

Une gravité tranquille, une force consciente qui se possède, la clarté de l'esprit, tel est le caractère dominant de Minerve depuis que Phidias a fixé ce type idéal. La vierge d'Athènes a une âme trop virile, trop au-dessus des faiblesses et des passions humaines, pour qu'un mortel ou un dieu ose aspirer à elle.

[1] Plutarque, *Vie de Périclès.*

Son front pur, le nez droit et fin, la ligne un peu sévère de la bouche et des joues, le menton assez fort, presque carré, les yeux pas trop ouverts, le regard abaissé vers la terre, la chevelure relevée sans art au-dessus du front et rejetée derrière la nuque, tout cela lui compose un ensemble parfait. Les traits sont modifiés ; la rudesse première des anciens types est transformée en majesté. Tout est harmonie dans cette création merveilleuse.

Après Phidias, les tentatives essayées pour changer le sérieux de la déesse en grâce lui ôtent son caractère.

Le Jupiter d'Olympie excitait encore plus l'étonnement des Hellènes. Phidias prit pour type et inspiration de son œuvre le vers 530, Chant I de l'*Iliade* :

« Le fils de Saturne, au-dessus de ses noirs sourcils, agite son front majestueux. Sa chevelure divine frémit sur sa tête immortelle, et le vaste Olympe en est ébranlé. »

Une science profonde dans l'ordonnance des parties, un élan sublime de l'intelligence dans la conception du maître suprême de l'Olympe, firent de cette statue la merveille de l'univers.

Image de la raison souveraine, toute-puissante, dominatrice du ciel et de la terre ; divinité victorieuse, clémente, à l'âme magnanime, pleine de mansuétude, ouverte aux invocations des humains, les Grecs semblaient l'adorer comme le Zeus présent, réel.

Ne pas l'avoir vu avant de mourir, c'était un malheur aussi grand que de ne pas être initié aux mystères. La simplicité auguste de cette figure devait offrir un contraste singulier avec ses accessoires somptueux. Jupiter est assis ; dans sa main gauche, il tient une Victoire ; dans la droite, le sceptre avec l'aigle. Le torse est nu, en ivoire ; le manteau, tout en or, retombe sur ses genoux. Le trône, en bois de cèdre, aux reliefs d'or, d'ivoire et d'ébène, était décoré de peintures ; l'escabeau, à ses pieds, couvert de joyaux. Une seule des boucles du Jupiter d'Olympie pesait six mines (trois cents louis d'or).

Phidias, comme après lui Michel-Ange, est à la fois peintre, architecte et sculpteur. Le seul de ses tableaux que l'on considérait comme authentique était un portrait de Périclès, son ami, son frère de génie.

Les merveilles d'architecture de ce temps procèdent la plupart de Phidias ; c'est lui qui créa la légion d'architectes, peintres, sculpteurs, qui couvrirent la ville de Minerve et la Grèce entière de tant de magnificences. C'est lui qui inspira, dirigea Ictinus et Callicrates, architectes du Parthénon. C'est à Phidias que Périclès confia tous les travaux. De leurs génies unis naquirent ces chefs-d'œuvre : « Édifices déployant une grandeur étonnante, une beauté, une grâce inimitables; les artistes s'appliquaient à surpasser, par la perfection de l'œuvre, la perfection du plan même. A peine achevé, chacun de ces monuments, par sa beauté, semblait déjà l'antique; leur fraîcheur, leur solidité, feraient croire qu'ils viennent d'être achevés. Tout y brille comme une fleur de jeunesse que la main du temps ne peut ternir. Œuvres animées d'un esprit toujours plein de vie, d'une âme qui ne vieillit jamais[1]. »

Ce cri d'admiration, plusieurs siècles après Phidias, retentit encore au milieu des augustes ruines du Parthénon et des Propylées, en face des moindres débris de cette statuaire sacrée.

Tout parlait de victoire dans ces monuments.

L'Odéon, où Périclès établit les concours de musique, aux fêtes Panathénées, exercices de flûte, de chant et de lyre; l'Odéon, avec son toit recourbé sur lui-même, terminé en pointe, était bâti sur le modèle d'une tente de Xerxès. Les poutres de sa toiture sont fournies par les mâts des vaisseaux perses.

[1] Plutarque.

Le Parthénon, sur sa façade orientale, est consacré à la lutte de Minerve et de Poséidon ; Phidias place derrière la déesse les dieux et les héros protecteurs de la patrie ; derrière Neptune, les divinités de la mer. Sur un char, la Victoire aux ailes d'or préside aux Courses des Panathénées.

Sur le fronton du couchant, Phidias a représenté les combats contre les Perses. Enfin, la frise du sanctuaire immortalise les fêtes mêmes des Panathénées : procession de vierges dans la cérémonie sacrée en l'honneur de la déesse.

Même une simple gravure du bas-relief vous émeut par la pureté, la sévérité du style ; par l'attitude recueillie des jeunes filles, recevant de la main des prêtres les vases saints et les instructions pour la marche religieuse. Ce calme, cette solennité, offre un grand contraste avec le mouvement rapide des cavaliers, l'élan, l'animation des courses.

Ce seul fragment peut donner une idée des trésors de beauté que Phidias avait accumulés dans le Parthénon. Partout il a sculpté ces divines figures émanées de l'héroïsme, de la victoire. Partout il a mis l'empreinte de son génie, sur les frontons et sur les métopes du temple, sur les majestueuses Propylées, souvenir immortel de tous ceux qui ont gravi la colline de l'Acropole.

La citadelle sacrée était encore debout en

1676 !... Un an après, la bombe vénitienne, dirigée par Königsmarck, commandant de l'artillerie, transforme en ruines le sanctuaire que Minerve avait protégé plus de deux mille ans. Voilà des désastres dont l'esprit humain ne se consolera jamais.

Où trouver la nomenclature des œuvres de Phidias ? Statues des dieux, des héros, en bronze, en marbre, destinées aux cultes ou aux monuments commémoratifs ?

Les brèves indications de Pausanias, une page de Plutarque, quelques lignes de l'ouvrage allemand *Archeologie der Kunst*, d'O. Muller, font mention de trente-cinq statues, dont sept en or et ivoire, trois en marbre, les autres en bronze.

Parmi les plus célébrées : la Minerve Promachos, la Minerve de l'ellène, la Minerve d'or et d'ivoire ; la Pallas de Platée, celle de Delphes, tous types différents ; l'Amazone blessée (?), l'Apollon de bronze de l'Acropole, la statue de Cybèle, la Vénus céleste du Céramique ; Minerve tenant les clefs de sa ville ; le Mercure en marbre, de Thèbes ; l'Esculape d'or et d'ivoire, à Épidaure ; treize statues de Phidias, pour Delphes, en souvenir de Marathon. Et parmi ces dieux protecteurs de la patrie, Miltiade. Enfin, le plus célèbre de tous ses chefs-d'œuvre, le Jupiter d'Olympie.

Une Vénus et une Minerve trouvées à Rome,

et un Jupiter en marbre blanc, découvert à Constantinople au xie siècle, semblent faire partie des statues décrites par Pausanias dans son *Voyage en Grèce.*

La Pallas du Parthénon fut terminée dans la 85e olympiade ; le Jupiter Olympien, dans la 86e.

Au bout de cinq ans, lorsque la cité de Phidias fut devenue un Olympe visible, Périclès fidèle à sa coutume, interroge le juge suprême de ses actions, et lui rend ses comptes : « Ai-je trop dépensé ? — Beaucoup trop, répond le peuple. »

(Le Parthénon, en marbre de Pentélique, à lui seul coûtait cinq millions.)

« — Eh bien, je supporterai toutes les dépenses, mais seul aussi j'inscrirai mon nom sur les monuments. »

Les Athéniens ne voulurent pas lui laisser le monopole de cette immortalité, et participèrent à la gloire des arts, comme ils avaient tous participé à la délivrance du sol.

D'ailleurs, le trésor de Délos n'était pas le fruit des économies de la nation, l'épargne du pauvre ; c'était la dépouille de l'ennemi, le butin de la guerre, trophée de la victoire.

Après l'achèvement de la statue de Minerve, Phidias essuya de grandes amertumes ; iniquités suscitées par le parti oligarchique et par le parti prêtre. On voulait essayer sur lui ce que le peuple

ferait de Périclès, si jamais il était mis en jugement.

Les deux amis triomphèrent de cette première
conspiration de l'envie et de la haine politique.
Les parties d'or de la statue, assemblées de manière à pouvoir être enlevées et pesées, répondi-
rent par leur poids et leur pureté et confondirent
les calomniateurs.

Mais la seconde accusation contre Phidias eut
des conséquences plus graves.

Dans le combat des Amazones, sur le bouclier
de Minerve, il s'était sculpté lui-même sous la
figure d'un vieillard chauve qui soulève une
pierre des deux mains. Il y avait mis aussi le
portrait de Périclès combattant une Amazone. Sa
main, levée pour lancer le javelot, lui cache en
partie le visage ; mais cette main est disposée
avec un art si merveilleux, qu'elle semble vouloir
dissimuler la ressemblance, et la ressemblance
éclate des deux côtés[1].

Phidias fut accusé d'impiété, de sacrilège, condamné à la prison, puis absous. Est-il vrai qu'il
mourut en prison, de maladie, ou par le poison ?
D'autres écrivains assurent qu'il subit la peine de
l'ostracisme, et que c'est même pendant son exil
qu'il fit le Jupiter d'Olympie.

Toujours est-il, que le même parti prêtre qui fit

[1] Plutarque.

mourir Socrate causa la perte de Phidias, l'accusant aussi d'être un corrupteur de la religion.

La date de la mort et de la naissance de Phidias sont également incertaines. La légende qui fait naître Euripide le jour de la bataille de Salamine assigne à Phidias comme date de naissance la journée de Marathon. Ce qui est sûr, c'est que la victoire de l'Hellade fut le berceau commun de ces grands hommes qui formèrent une société immortelle dans le siècle auquel Périclès a donné son nom ; unis d'amitié, unis surtout par la passion de cette patrie, inspiratrice de leurs œuvres, et identifiée dans leur âme au culte même de la beauté.

Voici encore une anecdote sur Phidias : lorsqu'il fit sa Pallas-Athéné, Alcamène fut aussi chargé d'une statue de la déesse.

Les deux œuvres terminées, on assembla le peuple pour les juger. Celle d'Alcamène, vue de près, fut proclamée la plus belle et réunit les suffrages unanimes.

Quant à la Minerve de Phidias, on la trouva colossale, hors de proportions.

« Mettez les deux statues là où elles doivent être, » dit Phidias.

Elles étaient destinées à surmonter une colonne très élevée.

On les plaça à la hauteur voulue ; alors celle

d'Alcamène ne signifia plus rien, tandis que l'œuvre de Phidias frappa tout le monde par cet air de majesté, de vérité, que les siècles ne se lassèrent pas d'admirer.

Pour le caractère général de l'œuvre de Phidias, nous citerons une page du *Génie des Religions* :

« Ce qu'Homère est aux poètes, Phidias l'est aux sculpteurs. C'est lui qui fait passer dans le marbre et dans l'airain la révolution religieuse dont Homère a été le législateur. Il fait toucher au doigt les visions du poète. Avec la même liberté dont avait usé le vieux rapsode à l'égard des dogmes et des croyances, il recompose les anciens types de la statuaire. Réformateur en même temps qu'artiste, il crée un Olympe palpable. Si, de nos jours, on a reproché à Raphaël d'avoir altéré la tradition religieuse du moyen âge, combien une accusation semblable aurait pû être élevée avec plus de raison, au point de vue grec, contre les innovations de Phidias! Il fut, dans la mesure des choses humaines, un véritable révélateur ; d'autant plus que les sentiments de grandeur, de majesté souveraine que son peuple avait éprouvés sur le seuil des temples, il les incarna dans la pierre, en ne prenant conseil que de sa propre pensée. Dans l'œuvre de ses mains, les peuples grecs apprirent à connaître la figure, les traits de leurs divinités, comme s'ils les eussent vues de leurs yeux. L'intervalle mystérieux qui les en séparait encore acheva de disparaître ; c'est là ce qui confirma pour toujours la sérénité naturelle de leur génie. Aujourd'hui, que reste-t-il de cette vision de l'Éternel dans le buisson ardent de l'Olympe ? Les bas-reliefs des temples de Thésée, du Parthénon, peut-être aussi la Vénus de Milo ; et si l'on demande quel est le caractère de ces œuvres qui, de notre temps, ont été remises en lumière, je dirai que c'est un mélange de l'ingénuité d'Homère, de la correction de Sophocle, de la majesté de Platon ; la beauté physique portée au comble, et telle, qu'elle a cessé d'être sensuelle ; le naturel dans la sublimité ; un idéal qui, répandu non seulement sur les visages, mais sur les moindres détails du corps, enveloppe les divinités d'une sainte vapeur d'encens. Je dirai encore que c'est la grandeur sans effort, la liberté de la nature même relevée par l'intelligence ; beaucoup d'effet avec très peu de moyens ; le calme, la gravité des cieux olympiens ; non pas l'immobilité, mais la vie mêlée de nectar et d'ambroisie ; la paix, l'harmonie entre la matière et l'esprit, c'est-à-dire le repos de l'ordre souverain. Après tout cela, j'ajouterai que la parole ne rend pas la perfection, et qu'il faut contempler de ses yeux, toucher de ses mains, le marbre de ces images, qui peuvent encore être sacrées pour nous, si nous savons y voir une expression du beau, immuable comme une vérité mathématique. On ne demande pas si elle est païenne ou chrétienne ; elle est belle, elle est vraie, elle appartient à l'Éternel.

« Les dieux de Phidias concilient tout ensemble les traits de l'homme et la face inaltérable de la nature ; la sérénité des cieux d'azur, qui n'ont encore été troublés par aucune tempête, le calme des océans au premier jour du monde, habitent dans leur poitrine. On dirait que l'âme de l'univers rayonne sur leurs fronts impassibles, et que, sans désirs, ils se repaissent intérieurement de la méditation des lois immuables des êtres.

« Au contraire, depuis cette époque de l'art, ils subissent de plus en plus le joug des passions, des idées sociales, jusqu'à ce qu'enfin, dans les derniers temps, l'homme ait tout envahi, et qu'il ne reste plus rien du dieu. Scopas et Praxitèle succèdent à Phidias ; ce changement est marqué par les groupes de Niobé ; le calme antique des Olympiens fait place à une douleur inguérissable. Les lèvres, qui ne connaissaient que l'ambroisie et le doux breuvage de la voie lactée, apprennent à goûter les poisons de la terre. Praxitèle est suivi par Lysippe et l'école de Rhodes ; la Niobé par l'Hercule Farnèse et le Laocoon. Qui oserait

médire de cette statuaire? Elle semblerait parfaite
si l'on ne connaissait pas celle qui l'a précédée;
mais qu'il y a loin déjà de cette beauté un peu
théâtrale dans sa magnificence, qui d'ailleurs se
connaît et s'admire, à cet art souverain qui n'ex-
primait que des pensées éternelles? C'est la différence d'Euripide à Sophocle. Peu à peu la Vénus
austère des premiers temps se change en la Vénus
de Médicis. Autrefois, elle régnait dans son sévère
empire par sa seule beauté; maintenant, elle a
besoin de sourire pour enchanter le monde. Si les
formes sont encore parfaites, qui ne voit que
l'empreinte de la divinité s'efface? C'est à peine si
vous sentez encore le souffle des choses sacrées.
Au lieu de l'amour incorruptible qui surgissait de
la première écume des flots, c'est une vierge oc-
cupée des désirs des femmes de Cos ou de Gnide.
La Grèce pieuse de Miltiade est devenue une Grèce
voluptueuse, qui met, au lieu des hymnes du
sanctuaire, les chansons d'Alcibiade sur les lèvres
de sa déesse. Enfin, Alexandre, en se faisant le
dieu, le *Jupiter foudroyant* des sculpteurs, imprime
à l'art un dernier caractère. Descendue pour toujours de la région des anciennes croyances, la
sculpture sert à l'apothéose des rois, des empereurs.
Prenant à la lettre la doctrine d'Evhémère, elle se
fait la courtisane des dieux politiques; elle avait
commencé dans le ciel par les figures de Phidias,

unissant la gravité des religions orientales au sentiment de personnalité qui éclate dans celles de l'Occident; elle finit par l'apothéose du favori d'Adrien. »

VI

PÉRICLÈS.

Périclès est fils de la Victoire, Plus que tout autre, ce nom appartient à la « Vie du Génie Grec. » Il en est le symbole et le couronnement.

Fils du vainqueur de Mycale, petit-fils du libérateur d'Athènes, qui chassa les tyrans, élève d'Anaxagore, il applique à la politique les préceptes de justice, de vérité enseignés par la philosophie, et les lois éternelles de l'univers, révélées par la science.

Dans Thucydide, on cherche l'écho de son éloquence olympienne. Dans Plutarque, on démêle à travers les médisances de l'époque, la beauté, la grandeur de cette figure accomplie.

Dévoué au parti du peuple, à la multitude pauvre, investi pendant quarante ans du pouvoir suprême, sous ce beau titre, *Premier Citoyen de la Patrie*, il tient tout dans ses mains : gouvernement, finances, armée, flottes, empire des îles et des mers, puissance absolue sur les Grecs, sans autres forces et moyens que la raison et la persuasion.

Inaccessible à toutes les tentatives de corruption, insensible aux richesses; il élève la patrie au comble de l'opulence et de la grandeur, sans augmenter d'une obole la fortune reçue de ses pères.

Ces témoignages de Plutarque ont une haute valeur, et ses reproches encore plus. De quoi l'accuse-t-il?

Du temps de Périclès, « ce qu'on appelle les gens de bien, les nobles, dispersés çà et là, ne formaient pas un corps à part; ils étaient mêlés, confondus avec le peuple. Le parti aristocratique fit cesser ce mélange et sépara l'État en deux membres, nommés depuis Peuple et Grands. »

C'est contre cette puissance que Périclès lutta toute sa vie, et, de même que son père eut la gloire d'achever la victoire contre les Barbares, il triompha des ennemis intérieurs.

Que lui reproche le parti oligarchique? Toutes ces accusations tournent à sa gloire. Périclès voulait, comme la démocratie de nos jours, des fonctions rétribuées; il repoussait la gratuité des magistratures nationales pour les empêcher de tomber entre les mains des riches.

Voilà son crime.

Recueillir dans la bouche de ses détracteurs l'éloge de ses vertus, c'est en rehausser l'éclat : général redoutable et à la fois prudent, inaccessible à l'envie, plein d'humanité, ferme, ne cédant jamais au caprice de la foule, il gouverne les hommes et ne fait appel qu'à des sentiments immortels, sans autre appui que la sagesse, fidèle jusqu'à son dernier souffle à la liberté, au service du peuple.

Quel idéal d'homme d'État !

Le grand orateur n'a rien laissé d'écrit ; ses discours, dans Thucydide, sont arrangés, faits après coup.

Ce qu'on entrevoit tout d'abord, c'est que chez Périclès la parole n'est pas l'art pour l'art. Il ne lui suffit pas de charmer, d'éblouir par son éloquence, il lui importe de faire triompher la cause qu'elle défend.

Maintenir l'âme de ses concitoyens à une grande hauteur, élever sans cesse le niveau des intelligences, ce fut une des principales inspirations de l'Olympien.

En même temps qu'il entretenait chez le peuple le goût inné du beau, il cultivait en lui le sentiment de la beauté morale. Nul discours n'en garde mieux l'empreinte que celui qu'il prononça aux funérailles des guerriers morts pour la patrie.

Les anciens, surtout, ont fait de la mort l'enseignement de la vie. Les funérailles étaient comme la synthèse de l'existence et le jugement dernier terrestre.

A travers l'arrangement artificiel de Thucydide, on peut pressentir le fond de ce discours.

Voici d'abord l'éloge de l'esprit public d'Athènes : magnifique et fier tableau, calme et sobre comme du Phidias, juste, exact comme le rapport d'un administrateur intègre qui rend compte de la fortune de l'État. En effet, il énumère ces biens immortels, c'est-à-dire les vertus de cette patrie pour laquelle ces citoyens ont donné leur vie. En face de leurs cercueils couronnés de fleurs, en présence des *Invisibles*, il montre avec orgueil, comme une consolation due à leurs mânes, et tout à la fois consolation des survivants, il montre que leur sacrifice n'a pas été inutile ; que de ces immolations individuelles est faite la grandeur, la force, la gloire de la patrie ; que ses enfants tombés pour elle, vieillards, jeunes gens, citoyens de tout âge, tous ceux qui l'ont servie de leurs bras, de leur fortune, ou de leur génie, revivent en elle. Morts pour la patrie, mais recueillis avec piété, avec respect dans son souvenir ; immortalisés, identifiés à la patrie elle-même.

Que d'enseignements sublimes dans ces paroles ! Qu'on se figure les lieux, la scène, le ciel bleu de l'Attique, la langue d'Homère dans la bouche de Périclès, cette langue, la plus belle que les hommes aient jamais parlée, le frémissement d'un peuple de héros, et le rayonnement de la liberté, plus éblouissant que le soleil d'Athènes, au-dessus de ces temples et de ces statues.

Les sentences brèves, les grandes lignes de l'idée, semblent caractériser l'éloquence de Périclès, au milieu de cette splendeur du beau et du bien, inhérente à la perfection de l'art.

Il trace au peuple le plus haut idéal de la démocratie, en ayant l'air de constater la simple réalité.

Tableau magnifique de la prospérité d'Athènes, préceptes de sagesse, tout y est réuni, comme l'or et l'ivoire dans les statues de Phidias.

« On ne tolère la louange d'autrui qu'autant qu'on se croit capable de faire soi-même ce qu'on entend louer ; passé cette limite, l'envie provoque l'incrédulité. »

Après avoir énuméré les vertus de la constitution républicaine : « Elle a reçu le nom de démocratie parce que son but est l'utilité du plus grand nombre et non celle d'une minorité. »

Rappelant la valeur des Athéniens à la guerre et leur habileté dans les alliances : « Ce ne sont pas là nos seuls titres de gloire, dit-il. Nous excellons à concilier le goût de l'élégance avec la simplicité, la culture d'esprit avec l'énergie. Nous nous servons de nos richesses, non pour briller, mais pour agir.

« Nous regardons le citoyen étranger aux affaires publiques comme un être inutile.

« Nous ne croyons pas que la parole nuise à l'action. Ce qui est nuisible, c'est de ne pas s'éclairer par la discussion. »

Enfin il veut que le libre citoyen d'Athènes joigne au calme de la réflexion l'audace de l'action.

« Il proclame Athènes l'école de la Grèce. Athènes, mise à l'épreuve, est supérieure à sa renommée. »

Après quoi, cette magnifique péroraison : « Telle est cette patrie pour laquelle ces guerriers sont morts héroïquement, plutôt que de se la laisser ravir. Tout ce que j'ai exalté de notre république est dû à leurs vertus.

« Contemplez chaque jour dans toute sa splendeur la puissance de notre république, nourrissez-en votre enthousiasme, et songez que c'est à force d'intrépidité, de prudence, de dévouement, que ces héros l'ont élevée si haut. En s'immolant pour la patrie, ils ont acquis une gloire immortelle et trouvé un superbe mausolée, moins dans la tombe où ils reposent que dans le souvenir toujours vivant de leurs exploits.

« Les prenant pour modèle, et *plaçant le bonheur dans la liberté, la liberté dans le courage,* ne reculez pas devant les hasards des combats. »

Cette fin superbe révèle la vraie manière de Périclès ; ce n'est qu'un dessin au trait ; « mais c'est la ligne même de la beauté ».

Cette noble harangue devrait servir de modèle à ceux qui, dans l'avenir, voudront honorer le citoyen qui a bien mérité de la patrie.

Ce n'est pas tant à l'assemblée, à la foule que s'adressent véritablement ces paroles, mais à l'ombre auguste, à l'âme disparue, au citoyen mort pour son pays. On lui rend compte de la situation du pays qui lui doit d'exister.

Après quoi l'éloge du défunt revient comme le patrimoine de la patrie elle-même. Glorification des morts, encouragements aux survivants, le tout dans un but de haute moralité et dans l'intérêt de la gloire du peuple.

L'antiquité n'a pas connu ce fléau, cette honte des temps modernes, ces vampires nocturnes qui s'abattent sur les glorieux morts le jour même des funérailles, pareils aux hideux traînards d'une armée qui détroussent les soldats tombés sur le champ de bataille et leur enlèvent avec leurs armes leurs objets les plus précieux. Vautours et corbeaux planant sur leur tête coassent en leur langage : Honte ! tu voles un mort !

Non, l'antiquité recueillait, honorait les plus humbles, les plus obscurs, à l'égal des héros, s'ils avaient servi la patrie, et prononçait leur éloge avec une égale piété, un égal amour !

Par la bouche autorisée, éloquente de l'orateur investi d'un sacerdoce public, rayonnant d'une double gloire, incarnation vivante des gloires de la patrie, la patrie prodiguait ses récompenses, prononçait l'adieu suprême et la reconnaissance de tous.

Pourtant c'étaient des hommes, non des anges. La haine et l'envie ont dévasté, rongé les âmes de tout temps.

Mais au jour sacré des funérailles, la haine et l'envie faisaient silence, s'inclinaient dans cette fête funèbre devant la conscience nationale.

L'ennemi lui-même désarmait, abaissait ses faisceaux devant le soldat intrépide mort pour le Devoir.

Quelle école de vertu !

Si Périclès n'a point laissé de discours authentiques, on rapporte de lui beaucoup de propos. Il convient de citer le mot qui termine cette grande vie. Quel homme d'État a pu le répéter d'une conscience aussi tranquille ?

La peste qui ravageait Athènes et qui avait emporté les parents et les fils de Périclès, l'atteint à son tour.

Peu d'instants avant d'expirer, pendant que ses

amis assis autour de son lit s'entretenaient de ses grandes actions, des victoires que les Athéniens avaient remportées sous ses ordres et dont neuf trophées consacraient le souvenir, Périclès les interrompt tout à coup, et leur demande pourquoi ils rapppelaient des succès où la fortune pouvait revendiquer sa part, tandis qu'ils omettaient ce qu'il y avait de plus grand et de plus beau dans sa vie :

« Je n'ai fait prendre de vêtements noirs à aucun Athénien ».

Dans son dernier ouvrage, l'*Esprit nouveau*, Edgar Quinet caractérise en quelques lignes Périclès et Socrate :

« La victoire de l'esprit de mort serait assurée, si l'on pouvait faire du plus sage des Grecs, de Socrate, le chef des réactionnaires. On n'a pas manqué de l'essayer. Dans de longues histoires savantes, patientes, Socrate a été présenté comme le chef de la réaction universelle. Il a suffi de quelques plaisanteries du sage des sages pour le transformer en ennemi du peuple, en partisan de l'esprit de coterie rétrograde. Lui qui a apporté au monde la méthode nouvelle, démocratisé la philosophie, déplacé les dieux, jeté le monde moral et politique dans un autre moule, lui, un réacteur! Il est mort pour attester l'esprit nouveau.

« A cet effort pour tout brouiller, une figure a résisté, Périclès. L'occasion était belle pourtant de le changer lui aussi en agent des classes dirigeantes, instrument et modèle de toute oligarchie.

« Personne jusqu'ici ne s'est donné cette tâche.

« Périclès est encore à cette heure l'homme de la Démocratie. Cette figure transparente, comme le marbre du Pentélique, n'a donné aucune prise aux historiens sophistes. Cela vient de ce qu'il a su se transformer tout entier, devenir un homme nouveau sans aucun lien avec les opinions mortes de son temps. Jamais homme ne fut moins homme de coterie et ne tint moins du parvenu. Il comprit où était le siècle nouveau, il se mit à sa tête. Il ne chercha pas des compromis impossibles entre l'oligarchie et la démocratie.

« Comme Socrate avait rejeté la vieille philosophie, Phidias la vieille statuaire, de même Périclès rejeta la vieille politique. Pour corriger le peuple il s'appuya sur le peuple. Pas un moment d'incertitude : la voie droite vers l'avenir. Aussi sa politique est belle comme la sculpture de Phidias, lumineuse comme la philosophie de Socrate. Voilà pourquoi le siècle où il vivait a pris son nom et l'a appelé l'Olympien.

« Périclès faisait distribuer au peuple les terres

conquises, ce qui fut le but des Gracques. Il a ouvert à tous les fonctions publiques en les rendant lucratives. C'était le radicalisme antique.

« Périclès était radical ».

VII

THUCYDIDE.

Je n'entreprendrai pas d'analyser l'historien de la guerre du Péloponèse ; cet immense sujet m'entraînerait trop loin, il me faudrait des années d'étude. Deux pages d'Edgar Quinet, écrites à trente-cinq ans d'intervalle, résument sa pensée sur Thucydide et expliquent le point de vue nouveau auquel il jugeait l'adversaire de l'oligarchie et du faux ordre moral.

En même temps, elles montrent les diverses transformations d'esprit chez les historiens et chez les orateurs de l'école classique.

« Ces discours, mêlés à leurs récits, ne sont pas un simple ornement de l'art ou le résumé d'un système politique, ils sont l'expression de cette liberté des grandes âmes, qui, planant au-dessus de la nécessité, commandent aux événements eux-mêmes. Ils sont dans l'art des historiens ce que les chœurs sont dans les drames. Au milieu du tumulte du monde, ils proclament l'indépendance de la pensée ; ils maintiennent, ils relèvent les

droits de la justice, de la raison, de la conscience ;
ils tiennent à la nature même des choses, puisque toute histoire est en soi une tragédie où lut-
tent ensemble la liberté et le destin.

Quand les âmes sont fortes, c'est la nécessité
qui plie, et c'est ce que l'on a vu dans l'antiquité
grecque, alors que la voix de ces grands cœurs
protestait, se roidissait contre le joug même des
événements...

Autant l'histoire d'Hérodote tient de l'épopée,
autant celle de Thucydide tient du drame; l'un
racontant comment l'unité de la société grecque
s'est formée à Salamine, l'autre comment cette
unité s'est brisée dans la guerre du Péloponèse.
A l'expérience des affaires, à la précision savante
du génie moderne, se mêle un dernier rayon des
croyances héroïques. C'est un plan de campagne
gravé sur le bouclier d'Hercule. On est encore occupé des souvenirs de l'invasion des Perses,
comme pendant l'invasion on l'était des légendes
de la guerre de Troie. Au milieu des chances va-
riées de la lutte, ce que l'on trouve toujours dans
l'esprit de l'historien, c'est le sentiment vif de deux
races aux prises; le dialogue impartial de deux
systèmes religieux et politiques; c'est le duel sacré
d'Apollon et de Neptune qui, au lieu de se cacher
dans le nuage d'Homère, continue chez leurs peuples par la guerre des Doriens et des Ioniens,

de l'aristocratie et de la démocratie, de la tradition et de l'innovation ; et ces systèmes sont personnifiés de la manière la plus éclatante, l'un par Sparte, l'autre par Athènes, en sorte que ce sujet a tout ensemble un intérêt universel et une forme précise, ce qui en fait la vie au point de vue de l'art. Dans cette guerre civile, qui de l'Olympe est descendue sur la terre, tout ce qui est peuple se joignant aux Athéniens, tout ce qui est oligarchie aux Spartiates, chacun des deux personnages conserve jusqu'au bout l'unité de son caractère. Du côté des Doriens, la tradition religieuse, le culte rigide, la vieille royauté des temps héroïques, souvent la froide cruauté de la raison d'État ; chez les Ioniens le scepticisme philosophique, la profanation des temples, des caprices sanglants et de sublimes contradictions qui n'appartiennent qu'à eux. Rappelez-vous (c'est peut-être le plus beau jour de l'antiquité), ce peuple de Mytilène[1] qui vient de trahir les Athéniens. A la première nouvelle, ceux-ci condamnent le peuple parjure à périr jusqu'au dernier homme ; la ville a été prise, le décret de mort est rendu, une barque l'emporte ; il est conforme au droit antique. Cependant, la nuit se passe ; Athènes n'a pu dormir. Elle est tourmentée, non par le sentiment de l'injustice,

[1] Thucydide, III, 36, 49.

mais par celui de sa sévérité. Elle se repent...
Le jour naît; l'assemblée se reforme. Le peuple revient sur la décision de la veille; il pardonne; il pardonne à la ville qui l'a trahi, il rend un second décret. Rappelez-vous cette barque rapide qui emporte à son tour cette loi de grâce; et le récit de l'écrivain, en ce moment aussi rapide que cette barque remplie de rameurs; enfin le pardon qui arrive plus tôt que le châtiment, et tout ce peuple condamné, déjà rassemblé les mains liées sur la place publique, et sauvé au moment où il croit périr. Ce jour-là appartient-il à la religion de la force?

Cette lutte des croyances, des races, des coutumes est surtout marquée dans Thucydide par les proclamations, les harangues de tribune, les messages des ambassadeurs, les plaidoyers des peuples suppliants. Quelquefois, elle s'annonce d'une manière plus énergique encore par un dialogue entre deux villes. C'est dans Thucydide, plus que dans Hérodote, que le destin oriental est vaincu pour toujours, puisqu'au milieu de la confusion des partis, du bruit des combats de terre et de mer, de jour et de nuit, du chant guerrier du pœan et du *grand chœur des affaires civiles*, ce que l'on entend plus haut que tout le reste, ce qui demeure fixé dans votre esprit, ce sont ces nobles discours, ces grandes paroles qui ne cessent de régir le tempête. Les oracles mêlés d'encens qu'Hérodote recueillait à l'entrée des temples ne sortent plus désormais que de la bouche des hommes d'État. Chacun devient à lui-même sa providence. La tribune remplace le trépied : c'est elle qui donne le ton à l'écrivain. On a remarqué que les discours de tous les hommes politiques de ce temps ont dans Thucydide le même caractère, repos, modération, sang-froid impassible, quand on ne pénètre pas au delà des apparences. C'est un sentiment de virilité orgueilleuse tout semblable à celui qui vit dans les Odes de Pindare ; et si les figures équestres de Phidias pouvaient s'animer et parler, ce serait encore la même majesté, la même sérénité, la même concision splendide dans une langue de marbre.

Pourquoi la parole politique avait-elle alors un caractère tout différent de celui qu'elle reçut à l'époque de Démosthène, alors que la passion en fut le trait dominant? Après y avoir bien réfléchi, je crois en avoir trouvé la raison. Le lendemain des guerres médiques, au sein de l'orgueil que la Grèce puisa dans sa victoire, ces peuples encore neufs avaient un excès de vie. Leurs orateurs, investis d'une royauté temporaire, étaient contraints de modérer cette impatience. Pour dominer ces sociétés ardentes, ils avaient besoin surtout de la sérénité que l'on puise dans les plus hautes régions de l'âme. Leur principal effort était de se posséder eux-mêmes. De là cette parole mesurée, impassible de Périclès, ce front serein, cette absence d'émotion apparente, cette froideur de la pierre de Paros, cette poitrine assurée au milieu des orages civils. Quand le cheval de guerre se précipite de lui-même dans la mêlée, ne faut-il pas que le frein le retienne? C'est le secret de cette éloquence propre à tous les orateurs dans les premiers temps de la vie politique des Grecs, et que Thucydide a consacrée au milieu des trophées de la guerre du Péloponèse.

Plus tard, au temps de Démosthènes, tout était changé. Les peuples étaient las, ils doutaient d'eux-mêmes. Leurs forces s'étaient détruites les unes par les autres. Ils étaient impatients, non plus d'activité, mais de repos. Sparte et Athènes, épuisées par la lutte, ne demandaient, n'invoquaient que la paix. Comment une si grande révolution ne serait-elle pas entrée dans le discours politique?

Exciter, réveiller, éperonner le peuple haletant, ce fut la mission de l'orateur. Alors Démosthènes lâcha les rênes. La parole eut des aiguillons, des morsures, des flagellations; elle devint transport, colère, menace. Tout ce qu'elle peut contenir de passion, il fallut le répandre pour enflammer des esprits attiédis.

L'orateur dut se précipiter lui-même au loin dans l'arène pour entraîner après lui les démocraties paresseuses; la parole ardente de Démosthènes fut à celle de Périclès ce que, dans la statuaire, le groupe pathétique de Laocoon est aux marbres harmonieux de Phidias.

En quoi diffère cette éloquence politique de celle des modernes? Je n'examinerai pas si, de nos jours, les peuples ont besoin d'être excités ou retenus. Je dirai seulement que les orateurs modernes semblent avoir renoncé à cette lutte de l'âme avec les événements de la société.

On veut être l'expression de son temps; on n'aspire plus à le dominer; on craindrait d'être seul. Si l'opinion fermente, l'orateur est violent; si le peuple s'incline, l'orateur s'agenouille.

Au contraire, la parole du *Jupiter d'Athènes* descendait de la tribune comme la raison pure descend des nues de l'intelligence. Dans cette éloquence solitaire, on reconnaissait comme un héritage de la royauté héroïque des premiers temps; et c'est dans Thucydide le plus grand spectacle que l'on puisse se donner que celui d'un peuple [1] qui, toujours grondant, toujours retenu par le frein de la parole sévère de Périclès, inaugure chez lui la tyrannie de la raison.

[1] Thucydide, I, 60-65.

Quoique Thucydide ait écrit son histoire dans l'exil, vous ne trouveriez pas dans les huit livres de son récit une parole de plainte ou d'apologie. Ce cœur était trop fier pour laisser voir sa blessure. Dans sa langue, faite des débris de la lance de Minerve, tout respire une âme d'airain. Cependant, malgré cette aspérité, je crois reconnaître l'exil dans chaque ligne, et je ne doute pas que la nécessité où il fut de se contenir toujours n'ait ajouté au naturel austère de son génie [1].

Par quel aveuglement a-t-on voulu ranger Thucydide parmi les partisans de l'oligarchie de la richesse? C'est lui, au contraire, qui en a donné la formule. C'est lui qui en a dévoilé l'esprit et l'iniquité, si bien qu'il n'a presque rien laissé à dire à ceux qui viennent après lui.

C'est lui qui a dénoncé le premier (et avec quelle ironie !) le faux *ordre moral* [2] dont se couvre toute plutocratie.

Il a décrit la Terreur blanche d'Athènes. Et ce tableau, comparable à sa description de la peste, est le tableau de toutes les Terreurs blanches de la France et du monde.

C'est Thucydide qui a démasqué la conjuration

[1] *Génie des religions*, 345-349.
[2] Thucydide, VII, 64.

de tous les réactionnaires anciens et modernes, leur acharnement à en finir avec la vieille liberté nationale, leur haine insensée du peuple d'où ils sortent, les assemblées publiques placées par eux sous les poignards, leur entente avec les armées étrangères ; déjà Coblentz dans le Pirée et la jeunesse dorée du Directoire dans les Quatre cents d'Athènes...

C'est Thucydide qui a montré que les fortifications qu'ils élevaient au Pirée, en apparence contre l'étranger, étaient en réalité tournées contre leur pays. Il a fait voir les petites portes, les fausses poternes, les issues secrètes qu'ils préparaient à l'ennemi pour l'introduire dans la place contre leurs concitoyens.

Conjuration éternelle des oligarchies, toujours la même, quel que soit le nom des chefs, Pisandre ou Pichegru, Grèce ou France, Athènes ou Paris. Il fallait la langue de Thucydide pour resserrer en si peu de pages ce mélange de perfidies et de fureurs, de prétendu *ordre moral* et d'assassinats, de ligues des *honnêtes gens* et de coups de couteau dans l'Agora.

Ce tableau, qui s'applique à tous les temps, est fait depuis plus de deux mille ans. Relisez-le [1]. »

[1] *Esprit nouveau,* 134-135.

VIII

DÉMOSTHÈNES.

Ces deux mots d'Edgar Quinet en marge de son manuscrit : *Les Olynthiennes, Discours sur la couronne*, me font revenir à Démosthènes, à ces deux harangues.

L'histoire est une résurrection, a dit l'historien de génie, qu'Edgar Quinet appelait *frère plus qu'un frère*. Oui, la magie du talent ressuscite les personnages historiques et leur prête une seconde vie. Mais l'histoire est aussi une résurrection en ce sens que les mêmes faits, les mêmes situations, les mêmes périls se reproduisent à des époques diverses de la vie d'un peuple. Au lieu de les subir une seconde fois avec l'inertie du fatalisme, les hommes peuvent conjurer ces périls. Éclairés par l'histoire, il dépend d'eux de ne plus tourner dans le même cercle de désastres et d'échapper au cycle des événements, à cette rotation fatale qui ramène, à certains points de l'espace et du temps, la même saison des tempêtes.

De nos jours, toute science reçoit une application; elle ne se contente plus de la théorie, de la spéculation pure. C'est la plus noble interprétation que puisse recevoir ce mot : esprit pratique. Les découvertes en physique, en chimie, en mathématiques, s'utilisent immédiatement et produisent des œuvres nouvelles dans l'industrie et dans l'art.

Il est temps que la science historique s'utilise à son tour et devienne une application à la vie nationale. Il s'agit de sauvegarder des intérêts humains, de fonder la sécurité de la société, la force de l'État ; d'armer le pays contre l'agression étrangère et l'usurpation intérieure. C'est l'histoire qui fournit l'arme, la méthode.

Les faits resteront-ils à jamais un enseignement infructueux? Ici, il n'est plus question de doctrines, de maximes philosophiques, mais de réalités, de choses vivantes qui se sont passées il y a des siècles, qui reviennent périodiquement, sous des formes presque identiques, qui se répéteront toujours jusqu'à ce que l'homme veuille enfin tenir compte de l'enseignement des faits.

Ces réflexions naissent tout naturellement en relisant les *Olynthiennes*. Que de leçons elles renferment pour les nations menacées de coups d'État et des invasions qui les suivent! Démosthènes a signalé aux âges futurs et à ses contemporains les pièges, les ruses du despotisme déguisé en libéralisme, pour mieux asservir et détruire un peuple. Ses avis n'ont pas été écoutés. Athènes a succombé.

Les peuples se laisseront-ils éternellement jouer par la feinte amitié, les fausses promesses de qui veut les séduire pour les réduire en servitude ? Démosthènes le dit :

« Faute de le connaître, ils ont été pris au piège une première fois par celui qui leur persuadait qu'il ne travaillait que pour eux. Mais les hommes une fois trompés voudront-ils l'être toujours ? »

Il ne se lassait pas de rappeler à ses concitoyens une ancienne faute, pour les empêcher d'y retomber de nouveau.

Je vois en lui l'homme d'État, l'orateur du caractère le plus ferme, de l'éloquence la plus haute, résistant seul à un monde ennemi. Chose plus difficile encore, il réussit à réveiller la nation tombée en léthargie. Il secoue, harcèle, applique le moxa à ce corps malade ; mais aussi il a le bonheur de le voir tressaillir, il le rend à la vie et le pousse à une dernière résistance. Rudesse, dureté, mépris, quels remèdes énergiques, quel traitement terrible n'emploie-t-il pas afin de redresser ce peuple toujours prêt à retomber dans les filets macédoniens ?

Quels coups d'œil prophétiques ! Déjà, dans sa

première Olynthienne, il déroule le plan de campagne qui eût sauvé la Grèce, si on l'eût écouté.

L'éloquence de Démosthènes est faite de sévérité et de justice, de sagesse et de passion, de droiture et d'habileté, de témérité et de prudence, d'impétuosité et de patience, d'héroïsme et de tactique. Sauver la patrie, reconquérir l'indépendance et la gloire du peuple, voilà l'unique mobile de cette grande âme, de ce grand homme d'État.

En réduisant ses maximes à une seule, on trouve ceci : il demande à ses compatriotes des *actes.*

« Car, dit-il, si toute parole sans effet n'est qu'un vain son, elle doit paraître suspecte, surtout dans la bouche de nos citoyens ; ils courent d'autant plus le risque de ne pas être crus, qu'ils passent pour avoir le talent de bien parler. »

Les événements contemporains[1] éclairent une des faces jusque-là inaperçues du génie de Démosthènes. Il est le représentant de la patrie, le défenseur du droit, le rempart vivant de la Grèce contre l'étranger ; grâce à lui, Athènes résiste jusqu'au dernier moment à l'envahisseur. Démos-

[1] Voyez *Mémoires d'exil.*

thènes a pour adversaire Eschine, l'ami ou plutôt le mercenaire du despote macédonien ; pour perdre l'homme du droit, Eschine l'attaque, par des voies détournées, sur un point secondaire.

On sait que, dans le grand débat auquel assista la Grèce entière, il s'agissait de la couronne d'or que l'on proposait de décerner à Démosthènes ; il venait de réparer les murs d'Athènes, et pour suppléer aux dépenses insuffisantes, il y avait consacré cent mines de sa propre bourse. Eschine saisit ce prétexte pour se porter accusateur. Suivant lui, on a violé la loi, qui défend de couronner un comptable. Il emploie tous les procédés et même les termes à l'usage des réactions modernes. Les hommes du droit sont à ses yeux des factieux, des audacieux qui ont le dessein d'abolir les règles, les usages établis. Sa tactique consiste déjà à violer le droit en l'accablant des vaines formules du droit, et à assassiner la justice avec les armes de la jurisprudence. Il cherche à étourdir le peuple en invoquant le texte des lois, mais en les tronquant, les altérant ; surtout il invoque sans cesse l'intérêt populaire, la volonté, l'autorité du peuple.

Il recourt à un autre prétexte familier aux hypocrites défenseurs de la famille, de la religion, de la propriété : Démosthènes est un impie, pour avoir usé d'humanité envers les malheureux Locriens d'Amphisse, qui osèrent ensemencer un champ interdit par la Pythie, et qu'Eschine, un des premiers, avait ravagé et brûlé. L'homme pieux, l'homme d'ordre dénonce les crimes envers les dieux commis par Démosthènes : profanation d'un terrain sacré, profanation des choses saintes.

Les injures ne lui sont pas ménagées ; l'homme du droit est une bête féroce, un scélérat, un brigand, un criminel d'État, l'assassin des guerriers ; ses discours sont des *monstres*.

L'éloquence d'Eschine est un modèle du style injurieux des réactions modernes ; l'hypocrisie et l'impudence le caractérisent.

Il finit par accuser Démosthènes, de quoi ? d'avoir été vaincu ; il lui attribue tous les fléaux qui accablent la patrie, même les malheurs des orphelins que la guerre a faits. On voit se reproduire les mêmes arguments qu'on entend aux époques néfastes (18 brumaire, 2 décembre, etc.).

On accuse un homme d'avoir défendu son pays, d'avoir défendu le droit et d'être resté fidèle à ses serments.

Et ceux qu'il a sauvés mettent le plus d'acharnement à le persécuter. L'histoire nous montre ainsi plus d'une fois ces sortes de gens qui reprochent aux exilés d'*oser se souvenir*. On dirait que le mot d'ordre est pendant quelque temps : « Exilez, exilons ». Puis le lendemain : « Oubliez, oublions. »

Démosthènes avait déjà contre lui ces âmes vénales, ces esclaves dociles prêts à se vendre aux ennemis de l'État et à ramper devant les tyrans.

Il ne se lassait pas de rectifier l'esprit de ses concitoyens, de faire taire leurs ressentiments, leurs divisions, quand il s'agissait du salut de la liberté; il ralliait les peuples en face de l'ennemi commun que les traîtres appelaient « un libérateur »; il montrait ce libérateur détruisant partout la liberté et marchant à l'empire, « trompant ceux-ci, corrompant ceux-là. » Enfin, il leur rappelait sans cesse « la douceur de ne pas avoir un maître et la liberté qui fit la félicité des aïeux ».

Toutes les forces, les ruses des réactions sont incarnées dans Eschine. Il est du parti de Philippe, d'Alexandre; armé de sophismes brillants, il frappe le patriote et lui fait un crime de défendre la patrie, l'indépendance. Jamais le prestige de l'éloquence ne servit cause plus inique, mais combien habilement voilée! Les subtilités les plus ingénieuses font la trame apparente de l'accusation. Au fond, le débat était tout autre.

Démosthènes est la personnification de la conscience humaine et de la nationalité grecque. Eschine représente la force qui écrase le droit.

Oui, la question du droit vaincu et de la force

victorieuse a été débattue à Athènes dans ce procès mémorable; la grandeur de Démosthènes est de représenter une situation qui s'est répétée plusieurs fois dans le monde. Il défendait la Grèce bien mieux qu'avec les murs élevés par ses soins et en partie à ses frais; il la couvrait du bouclier de son caractère, de son indomptable patriotisme, de sa constance dans les revers, enfin de l'éloquence la plus surhumaine qui fut jamais.

Ajoutons que le peuple d'Athènes fut à la hauteur du grand homme.

A l'extérieur, d'innombrables armées ennemies; à l'intérieur, l'ennemi déguisé s'insinuait avec perfidie sous toutes les formes qui minent et énervent la résistance, prêchant l'unité grecque, le grand Empire, la gloire militaire, toutes les subtilités dont se couvre la trahison.

L'or de Philippe était moins corrupteur que les sophismes d'Eschine, qui allègue toujours l'intérêt de la démocratie.

Le peuple Athénien ne s'y laissa pas tromper; ce sera son honneur éternel. Il sut démêler la vérité; il condamna à un exil perpétuel le calomniateur, l'agent de l'étranger, et proclama bien haut l'innocence, la gloire de Démosthènes. Du même coup il sauva ainsi la justice et l'indépendance.

Non, le peuple d'Athènes ne s'inclina pas devant la force victorieuse, devant l'iniquité cou-

ronnée, il ne céda pas au succès impie, par lassitude ou par peur. Il prit l'âme de son sublime
orateur. Ou plutôt c'est le grand citoyen qui nous
apparaît couronné des vertus civiques dont la
Grèce est le symbole.

IX

En classant Théocrite dans les temps de décadence, Edgar Quinet songeait à l'anéantissement de la patrie grecque, non pas au déclin du talent.

Jamais plus de grâce, de fraîcheur, de sève printanière que dans cette poésie née sur les ruines de la liberté. Théocrite et Virgile attestent qu'à certaines époques de mort, quand l'univers semble expirer de lassitude, de vieillesse, l'esprit humain cherche un refuge dans la nature.

La Grèce ravagée est à la veille de subir le joug romain; ses écrivains les plus illustres ne vivent plus sur le sol sacré, autrefois si cher à ses enfants; ils vont puiser leur inspiration en Sicile et en Égypte, chez les tyrans de Syracuse, à la cour des Ptolémées. Les muses pures et fières qui aspiraient à la gloire de chanter l'héroïsme et la beauté de la terre hellénique, aux applaudissements d'un peuple libre, mendient aujourd'hui les récompenses royales. Elles se plaignent de l'avarice des princes. « Indignées, elles regagnent les pieds

nus leur triste demeure, parce qu'elles ont fait
une démarche inutile ; accablées d'ennui, elles restent assises sans honneur, au fond d'un coffre
vide, la tête appuyée sur leurs genoux glacés. »

La mort du génie héroïque est tout entière dans
cet aveu.

Patrie, liberté, indépendance nationale n'existent plus, ne hantent plus jamais l'esprit du poète.
Mais son âme reste ouverte à deux puissances
immortelles : la nature et l'amour. Théocrite sous
les Ptolémées, Virgile sous Auguste, concentrent
dans leur poésie la jeunesse de l'univers. Autour
d'eux tout est défloré par la tyrannie, l'esclavage,
la corruption. Et au milieu de cette mort civile le
printemps éternel chante dans leur cœur. Ames
douces, aimantes, éprises de beauté, ils ne l'a-
perçoivent que dans le monde visible. Elle devient la source unique de l'inspiration. Ils cher-
chent aussi la vérité, mais à leur manière. Plus
d'idéal, la réalité ; et cet amour du naturel, du
vrai, est récompensé par un chant mélodieux, immortel. La nature radieuse se réfléchit dans l'âme
de Théocrite et de Virgile. Spiritualisée dans
leurs idylles, elle brave l'action des siècles. La
barbarie des conquérants a beau dévaster les
riantes prairies, les frais vallons, les collines boi-
sées de Sicile ou d'Arcadie, l'esprit humain s'a-
breuvera toujours à cette onde limpide, sous l'oli-

vier sacré et sous l'ombrage des pins. Il écoutera toujours avec délices ces chants « plus doux que le murmure de la source qui coule du haut des rochers ».

La poésie de Théocrite fait songer à la transformation des dieux en nains ; les puissantes déesses sont devenues des fées, immortelles toujours, mais la taille, l'allure ont changé. L'infiniment petit est leur domaine ; elles pénètrent partout comme l'essence même des choses, elles embellissent et transfigurent de leur baguette magique « le buisson de genévrier où vient percher la colombe, le laurier que respecte la dent des chèvres ».

Théocrite a noté les voix confuses ou distinctes de la nature, celle des bois, des sources, les pulsations de la vie universelle, les battements du cœur humain, le frisson, l'ardeur, le délire de la fièvre, le pétillement de la flamme, le tumulte des flots et celui de la foule, la cohue des fêtes publiques, les pas cadencés, les paroles ailées des femmes syracusaines qui se pressent aux portes du palais. On est pour un moment contemporain de ce monde qu'il fait parler, chanter, aimer, pleurer. Tout se meut, tout est vivant, excepté la patrie et la liberté.

Variété inouïe de tons et de formes. Telle de ses idylles est dialoguée, mouvementée comme une

comédie d'Aristophane, les *Syracusaines* pourraient être jouées.

D'autres rappellent le type pur, la perfection de
l'art grec; ainsi *Hylas*, le *Cyclope* et sa *Galatée* à
la course légère : « Telle vole au gré des vents
l'aigrette d'acanthe quand les feux du soleil ont
brûlé sa prison desséchée ».

La première idylle est une révélation du génie
musical et sculptural de la Grèce.

Écoutons le chant du Chevrier. Ici tout respire
la paix : la source coule du haut des rochers à
l'ombre des chênes et des ormeaux; il a trois bon-
heurs : un paysage divin, une musique enchante-
resse et une œuvre d'art qui deviendra le prix de
son chant. C'est une coupe où la sculpture a entassé
merveille sur merveille. Il nous la décrit; elle est
peut-être de Praxitèle : une molle acanthe l'enlace,
une guirlande de fleurs couronne le bord supérieur,
le fruit d'or s'épanouit sur le pied. Au fond de la
coupe, que ne voit-on pas? D'abord « une femme
d'une rare beauté, parée d'un voile et d'un réseau
qui retient ses cheveux, elle sourit à deux jeunes
hommes qui, les yeux humides d'amour, se dispu-
tent ses regards enivrants ».

De violentes passions, préludes du chant de la
Magicienne, bouillonnent au fond de cette coupe.
Et ce n'est pas tout, il y a encore la vue de la
mer; un vieux pêcheur dont l'âge a blanchi les

cheveux sans affaiblir le corps; une vigne plie sous le poids de ses raisins pourpres, sous la garde d'un enfant. Deux renards rôdent autour de lui. Une fable s'ajoute à l'idylle. Elle déborde la coupe. « Je te la donnerai, si tu répètes ce chant admirable », dit le joueur de flûte. Ailleurs Théocrite nomme l'artiste : « Je réserve pour ma bergère un vase de cyprès et une belle coupe, ouvrage du divin Praxitèle ».

La question si obscure de la musique chez les anciens ne s'illumine-t-elle pas ici de quelques lueurs? La flûte des bergers de Théocrite, la flûte à neuf tons, enduite de cire blanche, et, bien avant, la lyre de Pindare, ont fait peut-être résonner des mélodies que Haydn et Gluck n'eussent pas désavouées. Ils auraient aussi ambitionné cette coupe ciselée du berger de Théocrite.

Triple richesse du génie que de pouvoir concentrer un poème dans un bas-relief, comme prix du chant.

Fraîcheur matinale, aube renaissante, gazouillement d'oiseaux, abeilles aux ailes d'or, quel contraste avec les sombres flammes de la Magicienne qui concentre la puissance de ses enchantements infernaux pour se venger de l'infidèle! Non, ce n'est pas la Grèce, c'est l'ardente et sau·

vage patrie de Médée qui inspire ces chants fié-vreux, vénéneux :

« La mer se tait, les vents s'apaisent, tout dort, excepté le chagrin seul qui veille au fond du cœur ».

Hécate, reine des nuits, frémit elle-même ; on a hâte d'échapper à ces noirs maléfices, et à retrou-ver la sereine lumière qui éclaire les scènes rus-tiques.

Incomparable de vie et de vérité quand il chante les sources au fond des bois, Daphnis, Ménalque, les bergères, Théocrite n'est plus qu'un pâle imi-tateur de Pindare s'il aborde l'idylle héroïque. Dans *Hercule vainqueur du lion*, quel est le vrai héros ? Est-ce le vainqueur de Némée ? Non, celui qui l'emporte sur tous les autres en taille, en force, en audace, blanc comme un cygne, surpas-sant ses compagnons par sa haute stature, distin-gué entre tous par sa démarche altière et sa mer-veilleuse beauté, celui que les pasteurs comparent à une étoile ardente, c'est... un bœuf de l'étable d'Augias.

Théocrite devient le peintre des troupeaux ; c'est un Paul Potter de l'antiquité ; mais en même temps c'est Ruysdaël.

Il rentre dans la vie des champs, au milieu des gerbes dorées ; les moissonneurs sont à l'ouvrage quand l'alouette s'éveille. Ils se reposent à la chaleur du jour. Ils ont soif, ils ont faim, l'intendant est avare. « Amis ! heureux le sort de la grenouille ! un échanson ne lui verse pas à boire ; elle boit à son aise. Allons, un peu moins d'avarice ! fais cuire des lentilles ; ou veux-tu te blesser les doigts en coupant en quatre un grain de cumin ? »

Ce sentiment si vif de la vie rustique, ces goûts champêtres, comment les concilier avec l'artifice et le vernis doré des cours, avec les flatteries que Théocrite et Virgile adressaient à Hiéron et à Auguste ? Comment expliquer leur profonde paix, leur bonheur personnel, quand la patrie était morte, le peuple disparu ?

La nature reste l'éternelle consolatrice des âmes en deuil. A d'autres époques néfastes on a vu de grands écrivains, après la chute de leur pays, se réfugier dans l'étude, dans l'amour de la nature. Mais comme on sent toujours leur grande âme meurtrie ! les vibrations du patriotisme se mêlent à tous leurs chants. Le printemps, les beautés de la création ne leur font rien oublier. Elle adoucit, mais ne guérit pas la douleur sacrée de la liberté perdue. Sur les rochers, sur les écorces des arbres, ils voient gravés non pas le nom des bergères de Théocrite, mais le serment de la justice.

Théocrite et Virgile n'ont rien à oublier. Pour

eux la patrie c'est le sol, les bois, les champs, la récolte, les moissons. Il n'y manque qu'un peuple libre, pour les féconder et jouir de ces biens sous le soleil de la liberté! Heureusement Théocrite ne profane pas ce mot de liberté, il ne le prononce jamais, il chante Ptolémée : « Ce prince sait payer le courage[1] ».

Chez Virgile on rencontre le mot de patrie comme un écho égaré de la langue de Brutus et de Caton ; mais cet anachronisme devient risible, et souvent le proscrit de 1851 s'amusait à répéter ce vers :

> Et quæ tanta fuit Romam tibi causa videndi?
> — Libertas.

[1] *Idylle*, XIV.

X

ÉPICTÈTE.

Le livre *Vie et mort du Génie Grec* devait-il poursuivre l'étude de la Philosophie antique ?

Certainement il eût dédié une statue à Platon, à Aristote, à Épictète. Continuant ses aperçus de 1840[1] sur les stoïciens, sur le scepticisme héroïque, doute prophétique, enthousiaste, qui affranchit le monde et prépare l'avénement de l'ordre futur. Edgar Quinet eût non seulement analysé le travail des sophistes qui mit en poussière l'esprit grec, mais il eût cherché et montré ce que doit être le stoïcisme moderne.

Il voulait couronner la Vie et la Mort du Génie Grec par l'esclave philosophe, l'affranchi, l'émancipateur des âmes, sans doute comme une promesse de rénovation, dans l'extrème défaillance d'un monde.

Rénovation par le peuple. Épictète n'est-il pas le Spartacus de la philosophie antique ?

[1] *Génie des religions.*

Les croyances d'Épictète peuvent s'agrandir, se transformer en une doctrine plus vivante encore, plus héroïque, celle qui convient à un peuple libre et heureux. Elle enseignerait aux hommes mieux que le mépris de la mort, la négation de la mort.

Malheureusement, il ne me reste pas une ligne, pas une note sur Épictète; pas même le souvenir d'une conversation.

Que de motifs lui faisaient aimer Epictète! il haïssait ce stérile pyrrhonisme, vaine ergoterie du néant; il cachait ses vertus, ses bonnes actions; il mettait naturellement en pratique ses sublimes préceptes de patience et de fierté et cette résignation héroïque à toute loi supérieure émanée de la nature et de la raison, si dure que fût la loi.

Il me semble que la force et l'originalité d'Épictète, c'est d'avoir puisé la vérité à la source la plus humble des choses, dans l'univers visible, dans les actes journaliers de la vie humaine. L'expérience, l'inexorable réalité, lui ont révélé le vrai, bien plus que la méditation des phénomènes de l'esprit. Il n'a pas évoqué la sagesse du haut des nues, il l'a cherchée sur la terre; il a fait jaillir l'étincelle de la pierre de son chemin; il a demandé au brin d'herbe son secret; il a cherché la vérité dans les larmes et jusque dans les fers. Il a mêlé, comme Socrate, plus que Socrate, l'existence de ses disciples aux spéculations de la pensée pure ; sa forme est plus claire que celle des *Dialogues* de Platon.

On peut répéter de lui ce qu'il a dit de la vérité :

« Si quelqu'un résiste à l'évidence complète, il n'est pas facile de trouver des raisons capables de le faire changer d'avis. Et ceci ne tient ni à la force ni à la faiblesse du démonstrateur ; mais quand, mis au pied du mur, il reste là comme une pierre, comment discuter avec lui ? Cette pétrification est de deux sortes : il y a celle de l'intelligence, il y a celle du sens moral. »

Épictète apprend sa méthode à toute âme neuve qui cherche le vrai et qui se défie de ses propres forces.

Tirer parti de son ignorance. Cette nudité de l'esprit, cette table rase des connaissances, peut conduire à la même fin que la méthode de Descartes. L'ignorance absolue au point de départ, le doute sur toute chose, mais avec l'ardent désir de trouver la certitude.

Il faut chercher soi-même, tout seul, écouter la voix intérieure, obéir à l'instinct qui vous mène vers le vrai, réserver les connaissances acquises, à titre de contrôle ; suivre ce guide mystérieux, l'intuition, comme certains bergers qui ont le don de découvrir la source cachée et seuls l'entendent sourdre au fond de la terre.

Sans doute, il arrive parfois qu'on fait des découvertes depuis longtemps établies dans le monde. Eh bien, cette éclosion spontanée n'est pas inutile; elle ajoute peut-être une feuille nouvelle au rameau des connaissances.

Voici une question qu'on peut se poser :

Est-ce le précepte sublime du sage qui a enfanté l'action sublime ? Ou bien, est-ce cette action qui a fait naître le précepte ?

Le mouvement de la vie, l'instinct, qui déterminent un acte, ont dû précéder la réflexion, le jugement porté par l'esprit.

L'expérience, la dure nécessité, révèlent à une âme sincère les vérités qu'elle formulera en axiomes, mais qui ont d'abord vécu en elle, qui ont souffert, pleuré, qui ont saigné avec sa blessure.

Une des conquêtes pratiques de la philosophie, c'est la paix de l'âme. Ce mot de la sagesse antique est invoqué par tous les grands esprits.

Que cherchai le Dante ?

La paix.

A tous les âges, c'est le bien suprême. Une âme en paix, c'est le limpide miroir où se réfléchit toute beauté du ciel et de la terre ; elle double la lumière interne et extérieure. Quand tout fait silence en nous, on entend vraiment parler les dieux, c'est-à-dire la voix distincte des choses ; elles disent le secret qu'on n'écoutait pas dans le tumulte, dans l'orage.

Au soir de la vie, il est trop tard pour chercher les règles qui conservent cette paix. On la recueille comme le prix d'une existence bien remplie. C'est une des paroles que répétait le plus souvent celui qui possédait ce calme béni : « Tenir son âme en paix » ! Je l'entendais murmurer ce mot, avant et après les orageuses séances de l'Assemblée, et le matin, sous les mélèzes de Trianon.

D'où vient que la philosophie pénètre si peu les actions humaines ? Qui la pratique ? Quelques sages d'élite. La poésie a peut-être plus contribué à adoucir, à épurer les mœurs modernes, que le trésor de sagesse amassé depuis l'antiquité. On disserte sur les maximes des stoïciens, on cite celles qui réunissent la concision et la pureté de la forme ; elles font partie de la littérature. Et tout est dit. Est-ce que la philosophie demande un trop grand effort à la nature humaine ? En concentrant l'essence de la vertu dans une sorte de sublimé, la philosophie nous fait-elle respirer un éther trop subtil ?

La poésie couronne de roses la coupe et mêle aux préceptes divins le nectar et les délices de la terre.

La poésie est amour ; la philosophie, sagesse.

Ah ! Épictète n'aimait pas. Chacun, en le lisant, est tenté de s'écrier : Oui, je suis prêt au sacrifice, à l'immolation de moi-même ; j'aurai pour moi l'enthousiasme du martyr. Mais s'il s'agit d'une autre âme, non pas identique à la mienne, mais mille fois plus chère, supporterai-je stoïquement les iniquités qu'elle subit, les souffrances qui la torturent ? Assister impassible à son martyre !... L'âme antique a-t-elle connu cette douleur ? A-t-elle su aimer ainsi ? Est-ce sur soi qu'on pleure, pour soi qu'on espère ? La pitié, les larmes pour autrui doivent-elles tarir ? Est-ce là une si noble victoire ?

Révélez-nous un stoïcisme qui concilie l'endurcissement pour nous-mêmes, l'indifférence de nos propres maux, le mépris de la mort, avec l'immense tendresse pour les êtres qu'on veut heureux, glorifiés, triomphants ! Donnez-nous la puissance de les protéger contre leur propre douleur, armez notre âme contre leurs maux. Trouvez le secret d'être heureux, tout en les voyant souffrir ! Non, non, cela n'est pas dans la nature humaine.

Les vérités enseignées par Épictète sont éternelles sans doute, mais avant de s'adresser au genre humain de tous les temps, il avait en vue la société qui l'entourait, où le lot de misère et de douleur était échu à un si grand nombre, que sortir de la vie semblait le dénouement naturel à toute difficulté.

Il a dû réagir contre cette coutume du suicide et roidir les âmes. Douleur, tu n'es pas un mal.

Il y a des cordes auxquelles il n'a pu toucher ; la sensibilité, les mœurs modernes appellent d'autres harmonies. On souffre encore et toujours, mais moins pour soi. Dès lors, à quoi sert le stoïcisme ?

Stoïciens modernes, suivez les traces des anciens, mais faites un pas en avant ! Cherchez, découvrez un secours, un cordial, pour ceux qui ont mis leur vie dans une autre âme ; qui ne peuvent se résigner à la voir disparaître avant le triomphe de la justice, de cette justice vainement implorée !

De ces manuels de sagesse, on ne peut certes retirer un secours direct, immédiat, mais une influence vivifiante pour tout l'organisme moral : retremper son courage, reprendre haleine dans l'air salubre des hautes cimes. Au moment de lutter contre les dures nécessités, on aspire une pensée fortifiante :

« Ce sont les circonstances difficiles qui montrent les hommes. A l'avenir, quand il s'en présentera une, dis-toi que Dieu, comme un maître de gymnase, t'a mis aux prises avec un adversaire redoutable. Pourquoi ? me dis-tu. Pour faire de toi un vainqueur aux jeux Olympiques, et tu ne peux l'être sans sueurs. »

Voilà un de des passages, un de ces cris de l'âme, écho ces grands jours du génie grec. Voilà par où Épictète se rattache à l'héroïsme des plus beaux temps de l'antiquité.

Le penseur qui énonce des vérités générales nous semble toujours notre contemporain. On les dirait pleinement réalisées, ces paroles d'Épictète : « Un temps viendra bientôt où les acteurs croiront que leurs masques, leurs brodequins et leurs robes sont eux-mêmes. Homme ! ce sont là tes instruments et les éléments de ton rôle. Parle un peu, afin que nous sachions si tu es un véritable acteur, ou si tu n'ès qu'un histrion. »

Faut-il absolument deux mille ans pour que le sage fasse pénétrer ses conseils dans les esprits et soit accepté comme le guide des consciences, l'inspirateur de la vie ? Ces influences bénies n'étaient pas aussi lentes dans l'antiquité. Des provinces éloignées de l'empire, les jeunes gens altérés de vérité accouraient, se pressaient autour du « petit boiteux », comme il se désigne lui-même. Où est le progrès, si nous pouvons répéter aujourd'hui ces paroles : « Eh bien, les hommes ont élevé des temples et des autels à Triptolème parce qu'il leur a donné une nourriture plus douce ; et celui qui a trouvé, mis en lumière et produit devant tous les hommes la vérité, non pas sur les moyens de vivre, mais sur les moyens de vivre heureux, est-il quelqu'un de vous qui lui ait construit un autel ou un temple, qui lui ait élevé une statue ou qui remercie Dieu à cause de lui » !

Il y a vraiment une sève nouvelle, une sève du peuple dans Épictète.

Une des plus belles images sur la mort est de lui : « Pourquoi naissent les épis? N'est-ce pas pour durcir? Et pourquoi durcissent-ils, si ce n'est pour être coupés? car ils ne sont pas isolés dans la nature. S'ils avaient la pensée, devraient-ils souhaiter de n'être jamais coupés? Ce serait, chez les épis, un désir impie. Nous sommes de nature tout à la fois à être coupés et à comprendre qu'on nous coupe. »

Et ce beau passage : « Je ne suis pas l'éternité, je suis un homme, une partie du grand tout, comme l'heure est une partie du jour. Il faut que je vienne comme vient l'heure et que je passe comme elle passe. »

Épictète est simple, naturel, vrai toujours, en tout. Ah! certes, ce philosophe ne marchait pas aussi roide « que s'il eût avalé une broche », il ne cherchait ni à se faire admirer par sa démarche, ni à faire crier derrière lui : « Quel grand philosophe! »

Il disait déjà ce que nous pourrions, à plus

forte raison, répéter aujourd'hui : « Les livres des stoïciens sont pleins de beaux raisonnements. Qu'est-ce qui nous manque donc? Quelqu'un qui pratique et confirme les paroles par les actes. Viens prendre ce rôle, pour que nous n'employions plus dans l'école des exemples tirés de l'antiquité mais que nous en ayons aussi un de notre époque. »

Pourquoi la philosophie est-elle moins répandue aujourd'hui? Elle imprègne peu les esprits et encore moins les mœurs. Est-ce la religion officielle qui l'a reléguée dans le domaine de l'abstraction? Peut-être. La poésie et l'éloquence politique ont plus de pouvoir sur les âmes.

Populariser la philosophie, ce doit être l'ambition des poëtes, des orateurs. C'est à eux à empêcher que la science de la sagesse ne reste enfouie dans la poussière des bibliothèques. Aujourd'hui, l'étincelle de vie jaillit de la poésie et surtout de la parole éloquente d'un ami du peuple. C'est par l'orateur politique que les hautes vérités peuvent se répandre dans les masses.

Un courant magnétique s'établit entre celui qui sait et qui apporte à la foule l'écho de la sagesse antique et l'âme neuve vibrante qui écoute, qui ignore, mais où se renouvelle la vie.

La politique n'étant que la mise en pratique des vérités essentielles appliquées à tout un peuple, l'orateur inaugure la plus féconde des philosophies.

L'enseignement des stoïciens semble naturel dans une démocratie ; enseignement populaire fait pour la place publique, le marché ; philosophie nécessairement renouvelée, agrandie, comme la société moderne elle-même.

Épictète, c'est l'avènement du peuple : mais l'affranchi d'hier a fait un pas, il est devenu le souverain. Ce n'est plus ce « diminutif d'homme qui grogne sur la place publique, attendant son salaire, ou gémissant s'il ne l'a reçu. »

Il faut une philosophie nouvelle retrempée dans la science de la nature à ce nouveau maître, maître de la terre, maître de la matière, qu'il façonne et transforme à son gré.

Savants modernes, en étudiant l'homme, de grâce, ne le dépouillez pas de son impérissable trésor, ne le faites pas plus indigent que ses devanciers, qui sentaient en eux le dieu intérieur. Ne lui ôtez pas sa couronne souveraine, au moment où il vient de s'émanciper de la tyrannie du plus fort. Ne le faites pas déchoir au niveau des pierres ou des animaux. S'il a de commun avec eux la chaux et le phosphore, ne le réduisez pas à n'être qu'un composé des substances que vous tenez dans votre creuset.

Vous n'y avez pas trouvé autre chose. Etes-vous arrivés à la borne de la science, à celle de

l'esprit? D'autres viendront à leur tour et plante-
ront cette borne plus loin, vos investigations seront portées en avant. Toutes les négations des
siècles derniers, transformées aujourd'hui en vérités évidentes, disent hautement que les découvertes
d'hier ne sont que des jalons pour atteindre les
découvertes de demain. Progression continue vers
la vérité.

Et ce moteur intérieur qui permet à l'intelligence humaine une ascension infinie dans les
cieux dont il mesure l'espace, dans les gouffres
de la terre dont il raconte l'histoire passée, ce
moteur sublime, cet être immortel, vous ne le
saisirez pas avec le scalpel. Il est, il sera toujours
par lui-même sa démonstration glorieuse. Tout le
proclame : son génie, la hardiesse de son explo-
ration, sa fière et superbe persévérance à poursuivre le secret qui se dérobe, sa certitude ins-
tinctive d'atteindre, de saisir sous ses voiles la
connaissance suprême... Non, l'éphémère d'un
jour ne se propose pas une tâche aussi immortelle.

XI

LA MANIÈRE DE PLATON.

Aristote, Platon, sommets de l'esprit humain interdits à mes humbles notes ! L'œuvre consacrée au Génie Grec eût fait resplendir les cimes sacrées dans une lumière nouvelle.

Pour moi, je ne tenterai pas même l'analyse d'un seul *Dialogue* de Platon.

Pendant vingt ans il fut le bon génie de notre foyer. Les *Dialogues* me faisaient l'effet de symphonies dont le motif parcourt toutes les modulations de la pensée.

Beethoven et Platon s'harmonisent, s'éclairent l'un par l'autre, disions-nous. La musique de Beethoven qui renferme les grandes voix de la nature et les orages de l'âme humaine, s'est aussi inspirée du Phédon et du Banquet. Oui, elle rend visibles les ondulations de la lumière de Platon.

Malgré la nature éthérée des sujets, la forme des *Dialogues* est si familière, l'allure si légère et si rapide, que j'égayais parfois les soirées de l'exil en imitant la *manière* de Platon, pour effleurer

quelques idées de justice, de liberté. Ces réminis-
cences arrivent ici comme un écho de *Vie et Mort
du Génie Grec.*

Euphron, *ou* De l'Enthousiasme.

SOCRATE, APOLLODORE, EUPHRON.

Apollodore : Sortons de la ville, Euphron ; sui-
vons ce chemin au bas de la palestre nouvellement
bâtie ; il conduit droit à l'Ilissus.

Euphron : Ici, tout nous parle de Socrate ; il
me semble encore entendre le merveilleux entretien que nous eûmes hier. Mais, dis-moi, n'est-ce
pas lui que j'aperçois là-bas, immobile près du
ruisseau ?

Apollodore : Par Jupiter ! c'est lui-même ; il
nous regarde en souriant et nous invite du geste à
le rejoindre.... Socrate, si tu m'en crois, tu sortiras
de ton immobilité et tu feras quelques pas avec
nous jusqu'aux oliviers de Thémacus.

Euphron : Surtout hâtons-nous ! Déjà le soleil
incline du côté du temple de Thésée ; mais ma journée n'a pas encore commencé, tant que je n'ai joui
de ta présence, ô divin Socrate !

Socrate : Ton conseil me plaît, excellent Apollodore. Aussi bien, je ne me sens pas d'humeur à remonter aujourd'hui le cours du Céphise, car il faudrait y reprendre l'entretien que j'eus tant de peine à rompre hier et que cet impatient Euphron voudrait renouer. Allons, je vous suis.

Apollodore : Montons plus haut sur les pentes du Lycabète. Nous verrons le rocher de l'Acropole s'abaisser par degrés aux pieds du sage ; la mer nous apparaîtra dans le lointain, et même en suivant la direction de la lance de Minerve, nous verrons surgir au fond du golfe la glorieuse Salamine.

Euphron : Tu t'arrêtes, Socrate ?... Voici un platane qui te prêtera un peu d'ombre. Couche-toi dans l'herbe. Bien. Maintenant que voilà tes bras entrelacés dans les rameaux de ce laurier-rose, tu ressembles à la nymphe éprise d'Apollon et qui cherche à se soustraire aux étreintes de ce dieu. Ne te semble-t-il pas sentir la sève de l'arbre pénétrer dans tes veines ? Mais, dis-moi, resteras-tu aussi insensible à l'amour de notre mère commune que tu es insensible à l'amour d'Euphron ?

Vois, j'embrasse la terre d'un filial amour ! Et tu pourrais en être jaloux, ô Socrate, si tu avais le moindre sentiment pour moi ; car je l'adore autant que ta divine sagesse. Oui, les dieux ont répandu une beauté sans pareille sur cette terre fortunée, plus belle que la vallée de Tempé et que les bords de l'Alphée. Ce lieu ne te semble-t-il pas destiné à devenir le berceau de quelque divinité nouvelle?... Mais je suis le plus malheureux des hommes! Socrate a l'air de ne que m'écouter, et Apollodore me raille. Ce ne sont pas les beaux discours et la philosophie qui aient la puissance de vous charmer.

Socrate: Voilà bien le langage habituel d'Euphron! Que te disais-je, Apollodore, sur son compte? Toujours prêt à diviniser, à chanter des hymnes ou à lancer des imprécations contre toi et moi, parce que notre parole semble trop mesurée à cet enfant impétueux.

Et qui te dit, Euphron, que le goût de la philosophie défende l'adoration des belles choses? Seulement, il ne faut pas les aimer *en soi.* M'entends-tu? Et faut-il que je poursuive?

Euphron: Et même je t'en conjure, Socrate, quoique, à vrai dire, je sois troublé; car Apollodore me regarde d'un œil menaçant, parce que je t'arrache à tes rêveries et te force à discourir?

Apollodore: Sans doute, Euphron, je t'en veux de le distraire de ses méditations, et je t'apprendrai même une chose que tu ignores. Sache donc, ô Euphron, qu'avec Socrate, le silence est aussi profitable que les plus beaux entretiens.

Euphron: Comment cela pourrait-il être? Si j'étais logé dans le cerveau de Socrate comme le fut Minerve dans celui de Jupiter, je jouirais de sa pensée silencieuse ; mais ainsi, couché à ses côtés, touchant à peine ses vêtements, cela suffit-il pour être pénétré de sa sagesse ?

Apollodore : Sans nul doute, cela suffit. Autrefois, j'étais comme toi, impatient et avide de sa parole ; mais un long commerce avec cet homme divin m'a enseigné une science qui te reste encore à apprendre. Oui, il est toute une science, toute une félicité connue du sage seul.

Euphron : Quelle est cette science, quelle est cette félicité, je te conjure, Apollodore, de me l'apprendre !

Apollodore : C'est plûtôt à toi, Socrate, de lui répondre ; car c'est toi qui m'as enseigné le silence des dieux. Oui, j'estime aujourd'hui le silence à l'égal des plus beaux discours. Vois, Euphron, ces abeilles qui viennent de quitter le mont Hymette pour voltiger autour de la tête de Socrate ! Ecoute leurs bourdonnements, elles te révèlent aussi la pensée de Socrate. Écoute aussi la respiration de nos poitrines libres, rentre en toi-même, réfléchis, et tu auras bientôt le secret des méditations les plus sublimes.

Euphron : Vous parlez à mots couverts. Quant à moi, je ne me pique nullement de m'entendre comme Apollodore aux énigmes. Je ne possède ni la divination, ni l'intuition : allez droit au but. Ou plûtôt je t'en prie, Socrate, reprends le discours qu'Apollodore vient d'interrompre ; tu parlais tout à l'heure des belles choses qu'il ne faut pas aimer en soi. Que voulais-tu dire par là ?

Socrate : Je disais que tous les objets, toutes les belles choses visibles que nous avons coutume d'aimer et d'admirer, faut-il oui ou non les aimer en soi, ou uniquement pour en extraire l'essence, l'âme des choses ?

Euphron : Mais qu'entends-tu, je te prie, par extraire l'essence, l'âme des choses? Mon esprit a peine à te suivre, surtout en présence de cet Apollodore qui se vante de te mieux comprendre que moi.

Socrate : Voyons, Euphron, dis-moi si tu as l'œil bon ?

Euphron : Sans nul doute.

Socrate : Pourrais-tu me dire si tu distingues d'ici les carrières du Pentélique ?

Euphron : Je les entrevois.

Socrate : Me diras-tu ce que tu admires dans ce marbre? est-ce uniquement son éclatante blancheur, sa dureté ? Ou bien, ton esprit est-il amoureux par avance des merveilleuses beautés que les Phidias, les Callicrates futurs sauront extraire de ces blocs informes ?

Euphron : Par Jupiter ! j'admire d'avance les beautés que nos sculpteurs sauront extraire de ce marbre.

Socrate : Et de même, dans la figure humaine, est-ce la courbe du front, du menton, les lignes du nez, de la bouche, la couleur des yeux qui constituent ce qu'on nomme la beauté ? Ou bien est-ce le sourire de l'âme, le souffle divin, une certaine lumière répandue sur les traits qui leur donne je ne sais quoi d'immortel ?

Euphron : C'est comme tu dis.

Socrate : Tu vois donc ce que j'entends par : aimer l'essence des choses. Voyons, Apollodore, parle à ton tour. Aussi bien, ne pouvons-nous mieux employer notre temps qu'à forcer ce jeune homme à discourir. Son ingénuité me plaît. On voit bien qu'il n'a pas encore fréquenté l'école d'aucun de nos habiles sophistes.

Euphron : Avant tout, Socrate, je te prie de me parler toujours comme tu viens de faire, par images et non par idées nues et abstraites. Rappelle-toi ce que je t'avouai, hier, de mon incapacité en fait d'abstractions. Mon esprit ne conçoit absolument que les choses que mon œil peut embrasser du regard. Toute autre création me demeure interdite, si l'on ne m'en rend l'idée saisissable par une comparaison avec quelque image réelle. L'idée de la divinité elle-même ne devient compréhensible à mon esprit, que si je me la représente à travers les perfections de Socrate. Oui, les attributs de la divinité me sont révélés par la bonté, la

sagesse, la prévoyance de ce merveilleux person-
nage ; tandis que toi et Apollodore, vous compre-
nez l'Être infini en dehors de l'amour pour un être
humain. Et il en est de même de toutes les vertus : piété, fidélité, héroïsme, je les comprends,
parce que je les trouve incarnés dans celui qui me
semble le modèle de tous les humains... Aussi,
puisque j'en ai tant dit, ô fils de Sophronisque,
souffre que je répète en ta présence un mot que
d'autres ont trouvé avant moi, mais qui rend si
bien mon sentiment : Socrate m'inspire l'enthousiasme que la vertu seule est capable de faire
éprouver à Socrate.

Socrate : J'aurais dû t'arrêter, il y a longtemps,
Euphron. Et pour te punir d'avoir parlé avant de
savoir s'il me convient d'entendre ce que tu as à
dire à ma louange, je laisserai de côté (mais pour
y revenir une autre fois) ce que tu oses dire de la
divinité. Aussi bien, est-ce un sujet trop sacré pour
en parler si légèrement, ô Euphron! Et la vie du
sage est un sacrifice à peine digne de lui être of-
fert. Oui, la fin la plus glorieuse serait de mourir
en portant témoignage de la Vérité... Et, je le sens,
une voix me le dit, ce ne sont pas les discours,
mais la fin de Socrate qui témoignera de la divinité... Mais revenons à ce que tu disais. Te rap-
pelles-tu, Apollodore, ce que nous répondîmes der-
nièrement à une question semblable? Et voudras-tu

nous dire si la piété, la justice, l'amour de la liberté, sont des essences distinctes, immortelles, des forces divines ou simplement, comme quelques-uns le croient, des harmonies résultant de l'accord des facultés humaines ?

Apollodore : J'interrogerai Euphron ; c'est à lui à nous éclairer sur ce sujet.

Euphron : Je suis prêt à répondre, si tu parles de choses à ma connaissance.

Apollodore : Certes, tu ne les ignores pas. Dis-moi donc, Euphron, parmi ceux qu'on nomme communément nos grands citoyens, et qu'il serait peut-être plus juste d'appeler les divinités de la patrie, quels sont ceux qui se présentent les premiers à ta mémoire ?

Euphron : Attends, je vais te le dire, Apollodore, et je sens battre mon cœur rien qu'en prononçant leurs noms... Oui, c'est Harmodius et Aristogiton qui excitent le plus mon admiration ; c'est à eux que je pense le plus volontiers.

Apollodore : Il est naturel qu'à ton âge on s'éprenne des belles actions des jeunes gens.

Euphron : O Apollodore! ce n'est pas leur jeunesse qui m'attire.

Apollodore : Qu'est-ce donc ?

Euphron : C'est qu'en frappant Hipparque, ils délivrèrent les Athéniens de la domination des Pisistratides.

Apollodore : Prends garde à ce que tu vas dire ! Que répondrais-tu aux sophistes qui te demanderaient si ces deux jeunes gens rendirent vraiment service à leurs concitoyens en les délivrant des Pisistrates ? car, selon eux, c'est sous ce règne que s'accomplirent des travaux utiles au peuple, et qu'eurent lieu les embellissements d'Athènes. C'est alors que furent jetés les fondements du temple de Jupiter Olympien, d'Apollon Pythien, et que les Hermès, couverts de maximes, furent élevés. Les sophistes prétendent qu'il faut savoir gré aux Pisistrates d'avoir recueilli les chants d'Homère, d'avoir ramené Anacréon sur un vaisseau à cinquante rames ; en un mot, ils disent que ce règne était populaire ; ou, lui aurais-tu trouvé un autre nom ?

Euphron : Par Hercule ! c'était le règne de la tyrannie.

Apollodore : Mais en frappant le tyran, que voulaient ces jeunes gens, et que manquait-il au peuple ?

Euphron : Il manquait une seule chose : la liberté ! La liberté, plus sainte, plus immortelle que les temples et les colonnes dont nos arrière-petits-fils ne verront que les ruines écroulées. Aussi le peuple comprit-il comme nous l'action d'Harmodius et d'Aristogiton, puisqu'avec un enthousiasme non moins divin, il leur éleva des statues et les plaça au rang des dieux.

Apollodore : Mais, dis-moi, ce même peuple qui honorait ainsi les vengeurs de la liberté, n'est-ce pas lui qui, peu de temps auparavant, n'avait pu s'empêcher d'enfreindre la promesse sacrée faite à Solon ? Solon lui avait fait jurer de maintenir ses lois pendant tout le temps de son absence. En s'exilant volontairement, en se condamnant à vivre loin de sa patrie, pour obliger ses concitoyens à tenir son serment, que voulait leur enseigner le divin législateur ?

Euphron : Le respect des lois, si je ne me trompe.

Apollodore : Il te semble donc que c'était là aussi une action divine ? Y aurait-il, selon toi, différentes manières de servir la patrie ? ou n'est-ce que les armes à la main qu'on peut se montrer bon citoyen ?

Euphron : Par Hercule ! pour des jeunes gens comme nous, il me semble difficile de la servir autrement ; mais je reconnais qu'il existe aussi d'autres manières et d'autres sacrifices.

Apollodore : Lesquels ?

Euphron : L'exil, comme fit Solon. La mort volontaire, comme celle de Thémistocle.

Apollodore : Par quoi cette mort te semble-t-elle inspirée ?

Euphron : Par la fidélité envers la patrie.

Apollodore : Et diras-tu de même pour Aristide

et Cimon bannis par un décret de l'Agora ? Que représentaient, à ton avis, ces deux hommes ?

Euphron : Ils représentaient la justice, l'intégrité, le désintéressement; et c'étaient toutes ces vertus que le peuple bannissait en leur personne. Et si j'admire ces vertueux citoyens, je blâme sévèrement l'ingratitude et l'ignorance du peuple. Aussi j'aime mieux me le rappeler dans ses généreux élans que dans ses moments de défaillance. Oui, j'admire le degré de force et de lumière où il était arrivé lorsqu'il se rendit digne du seul gouvernement de la raison, représentée par Périclès. Car, pour appuyer son autorité, l'Olympien n'employait ni armes ni argent, mais uniquement l'éloquence de la raison. Et c'est là une gloire qui rejaillit moins sur le génie de Périclès, que sur le peuple capable de se soumettre à une telle puissance.

Apollodore : En effet, la gloire de notre patrie s'éleva en ce moment à son point culminant. Mais, oublieras-tu l'événement qui exalta les facultés des Athéniens, et leur permit le légitime orgueil de se croire au-dessus de toutes les républiques de la Grèce? N'est-ce pas alors qu'ils venaient de conquérir l'indépendance de la patrie, en exterminant les innombrables Barbares?

Euphron : En effet, c'est vers cette époque.

Apollodore : N'est-ce pas alors que, repoussant

l'or et l'alliance des Barbares qui avaient corrompu l'Ironie elle-même, les fils d'Athènes détruisirent les forces de l'Asie entière et affrontèrent seuls les plus terribles périls? Sur quoi comptaient nos pères pour détruire les phalanges de Mardonius? Était-ce sur le nombre prodigieux des galères de Thémistocle, sur les richesses des mines du Laurium, sur l'alliance de tous les peuples du Péloponèse, ou sur la défense vigoureuse d'Athènes?

Euphron : Évidemment sur rien de tout ce que tu viens de nommer, puisque les Athéniens n'étaient qu'une poignée d'hommes; que, de tous les fils de la race des Hellènes, les Lacédémoniens seuls vinrent à leurs secours. Quant à la population d'Athènes, n'était-elle pas entièrement réfugiée sur nos galères? Et la citadelle n'était-elle pas devenue la proie des flammes?

Apollodore : Quelles furent donc les forces qui soutinrent nos pères contre les Barbares?

Et comment Léonidas et les Trois-Cents fortifièrent-ils si bien le passage des Thermopyles, que toute la puissance de l'Asie vint y échouer? Comment nommerais- tu les moyens de défense qu'ils élevèrent à la hâte?

Euphron : Mais je ne sache pas, Apollodore, qu'ils aient rien construit aux Thermopyles.

Apollodore : Tu te trompes, Euphron, je te dis

que les Trois-Cents y construisirent une citadelle. Elle a un nom...

Euphron : Lequel ?

Apollodore : La citadelle de l'héroïsme. Et puissent nos petits-fils rester habiles dans l'art de bâtir des forteresses aussi imprenables. Mais, dis-moi encore, excellent Euphron, quelle fut, selon toi, l'époque, dequis Marathon, Salamine, Platée, Mycale, où la patrie, semblant perdue, recouvrit une gloire nouvelle ?

Euphron : Je n'irai pas chercher bien loin cette époque. L'événement que j'admire le plus, se passa de nos jours. je n'avais pas encore commencé à fréquenter l'école ; mais tout en jouant aux osselets, j'entendais fort bien mes parents gémir du joug honteux que les trente tyrans faisaient peser sur Athènes. On disait autour de moi que l'Attique était remplie de plus de meurtres en huit mois qu'il n'y en avait eu dans tout le Péloponèse depuis dix ans.

Apollodore : Ce n'est pas précisément cette époque que tu admires, j'imagine.

Euphron : Par Hercule ! non. Je frémis encore en songeant que les trente tyrans s'étaient emparés de la cité de Minerve, que toutes les têtes étaient courbées.

Apollodore : Ajoute que le peuple même devint complice de la tyrannie en lui donnant son assentiment. Car enfin ne s'était-il pas trouvé trois mille citoyens qui s'étaient associés librement à la violence des tyrans? A tel point qu'il ne resta qu'un seul homme, Théramène, qui refusa de partager un pouvoir fondé par le crime. Et lui-même ne fut-il pas dénoncé, effacé de la liste des trois mille et condamné à boire la ciguë? Enfin n'arriva-t-il pas un moment où tous les hommes libres qui refusaient de se soumettre à la tyrannie furent exilés hors d'Athènes et du Pirée, leurs maisons rasées, leurs biens détruits?

Euphron : Je t'arrête, Apollodore; tu dis que le peuple d'Athènes avait donné son assentiment à la tyrannie des trente. Qu'est-ce qui empêcha donc Théramène d'accepter le pouvoir qu'on lui offrait? A quelle loi supérieure à la volonté du peuple pouvait-il obéir?

Apollodore : A la loi de sa conscience, Euphron.

Euphron : Et sa conscience ne se trouvant pas d'accord avec la volonté du peuple, qu'est-ce qui l'inspirait donc?

Apollodore : La sainteté de la justice. Et cet exemple ne fut pas perdu, car le sauveur de la liberté apparut bientôt, Et c'est là sans doute l'événement dont le souvenir fait battre ton cœur. Oui, moi aussi, je ne vois rien de plus grand que l'action de Thrasybule, qui osa rentrer avec soixante-dix hommes à Phyle, et qui affronta l'armée des

tyrans et le peuple lui-même. Quelle plus merveilleuse action que celle du glorieux banni de Thèbes
et de Mégare? Il s'empare de Munychium et de
Phalère, détruit l'armée de Lysandre et de Critias,
et fait rentrer dans la cité de Minerve, en même
temps que les sept cents bannis, la glorieuse liberté
elle-même.

Socrate : Mais dis-moi, Apollodore, tu nommais
tout à l'heure Thrasybule le sauveur de la liberté,
La liberté de quoi, je te prie? La liberté de qui!
Car enfin, ne le disais-tu pas, et Euphron en a
fait la remarque, le peuple athénien semblait avoir
donné son assentiment à la tyrannie. Tu ne pré-
tends pas que ce même peuple qui avait repoussé
l'invasion des Mèdes et détruit les forces cent fois
supérieures des ennemis, n'aurait pu chasser igno-
minieusement une poignée de tyrans. Pourquoi
donc Thrasybule et les bannis s'arrogèrent-ils le
droit de restituer à leurs concitoyens la forme démocratique que ceux-ci avaient consenti à rejeter?
Le peuple associé aux tyrans par les trois mille citoyens qui prenaient part au gouvernement, le
peuple rassemblé à l'Agora, n'était-il pas en plein
exercice de la liberté?

Apollodore : Évidemment non, Socrate.

Socrate : Comment? Existerait-il des puissances
que tu places au-dessus de la liberté, telle que
l'entend le peuple, par l'exercice imaginaire de sa

volonté? Si tu connais ces puissances, ces forces divines, nomme-les.

Apollodore : Je les connais. Elles s'appellent : le Droit, la Justice, la Vérité.

Socrate : Et selon toi, de quelle liberté Thrasybule était-il le sauveur?

Apollodore : De la liberté née de la justice, du droit et de la vérité.

Socrate : Bien, Apollodore, je reconnais en toi mon plus ancien disciple; mais Euphron aussi répond à merveille et je l'engagerai à se présenter aux prochaines fêtes Panathénées, pour y remporter le prix de l'éloquence. Et sois sûr, Euphron, que le panier de figues et l'amphore de vin promis au vainqueur te seront accordés.

Tu le vois, Euphron, tu viens d'énumérer toi-même une foule de vertus, de forces distinctes de l'individualité humaine.

Euphron : A mon tour, je ne ferai plus qu'une question : pourquoi n'élevons-nous pas à ces divinités que tu viens de nommer autant de temples, de colonnes, qu'on en dédie à Cérès, à Hercule, à Thésée et même à l'inventeur de l'harmonie phrygienne?

Socrate : La réponse est bien facile à deviner, Euphron; c'est dans l'âme des hommes que ces divinités veulent choisir leur temple.

Euphron : Elles n'exigent donc pas des offrandes,

des lustrations, des jeux pythiens? qu'exigent-
elles?

Socrate : Des actes vertueux, des cœurs pu-
rifiés.

O Euphron, tu l'avoues maintenant, la beauté
que tu adores dans les actions de nos pères n'est
pas chose visible, trouvée par les hommes. Où
crois-tu encore que ces forces divines ont été découvertes comme la statue de la mère des dieux
sur le mont Cybèle? Ou bien comme le fer, que
les Dactyles trouvèrent sur le mont Ida, au temps
de Pandion?

Euphron : Divin Socrate, tu as beau railler, je
commence à entrevoir que ces forces émanent de
plus haut.

O Socrate! le Céphise qui coule là-bas, dans la
plaine, au milieu de son bois d'oliviers, n'a jamais
rafraîchi tes pieds poudreux, comme ta parole ra-
fraîchit et purifie mon esprit. Comme l'onde du
Céphise et de l'Ilissus, ainsi ta sagesse et la gloire
de nos pères me semblent intarissables.

Socrate : Prends garde à ce que tu dis et à tes
comparaisons avec les choses périssables. Oui,
Euphron, qui te garantit que cet Ilissus, dont l'eau
court si légèrement sur les ronds cailloux, ne tarira
pas un jour jusqu'à la dernière goutte, sous le pas
des Barbares, à tel point que la cigale même ne
pourrait plus se désaltérer? Ce jour de malheur

arriverait si nos petits-fils oubliaient l'art dont parle Apollodore, l'art de bâtir l'imprenable cité de l'héroïsme! Et alors, cette terre d'Apollon ne serait plus qu'un sillon stérile, desséché par la malédiction des dieux et digne de la raillerie des lâches. Invoquons la protectrice de cette cité pour que ce jour de malheur n'arrive pas de sitôt! C'est alors, Euphron, que les belles choses pourraient encore subsister, mais l'âme, l'essence serait absente.

Euphron : Ton souvenir, Socrate, restera éternellement attaché à ce cours d'eau. Nul mortel ne franchira l'Ilissus sans sentir son âme vivifiée par cette source de sagesse; les générations futures viendront s'y abreuver. Celle-là du **moins** ne tarira jamais.

Socrate : Non, Euphron, le culte de la sagesse demande des hommes libres. Mais dis-moi, Apollodore, te souviens-tu du vers fameux de Tyrtée?

Apollodore : Il représentait les trois époques de la vie humaine; les vieillards disaient: « Nous fûmes jadis des jeunes hommes pleins de vaillance. » Les jeunes gens reprenaient : « Ce que vous avez été nous le sommes aujourd'hui. Qui voudra, peut l'éprouver. »

Et le chœur des enfants : « Et nous, un jour, nous serons plus vaillants que vous. »

Socrate : Eh bien ! puissent nos petits-fils ne

pas chanter ce vers au rebours et répondre : « Nous sommes moins vaillants que nos pères et nos enfants seront plus lâches que nous. »

Euphron : Plût aux dieux, Socrate, que personne n'estropiât ainsi ce beau vers de Tyrtée. Non, non, plus vivace que l'olivier sacré, dont le tronc ne peut être incendié, dont la sève immortelle fit pousser de nouveaux rameaux, ainsi l'esprit héroïque de notre race refleurira. Car ta sagesse, Socrate, est une égide aussi puissante que celle de la protectrice de cette cité.

Vois, Apollodore, si j'ai raison d'aimer cet homme, bien plus que mon père et ma mère de qui je tiens l'existence. Ils m'ont donné cette plante qui végète et meurt ; mais la vie divine, celle qui s'allume dans l'âme du sage et dans l'œil de l'amant, je te la dois, ô Socrate, tu m'as tout donné. Apollodore, dis-moi, connais-tu la fable de Pygmalion ?

Apollodore : Sans nul doute, je la connais

Euphron : C'est mon histoire ; Socrate est le divin Pygmalion qui, en jouant et tout occupé à d'autres pensées, façonna mon âme ; il s'amusa à pétrir une statue, il y prit plaisir, l'orna peu à peu et même il finit, dit-on, par en devenir amoureux. Et c'est là mon ambition, Socrate ; puisses-tu finir comme Pygmalion, tu sais ce que j'entends !... Mais tu as raison de me traiter en enfant quoique mon corps soit achevé (car je ne grandirai plus d'une coudée) et que mon œil bleu comme la mer Égée ne doive plus changer de couleur, je sens que j'ai besoin de grandir. Oui, mon esprit veut sentir des ailes, des ailes pour s'élancer plus haut, voler tout seul, au lieu de ramper à ta suite et à la suite d'Apollodore, vous, chez qui la création est achevée.

Socrate : Tu te trompes, Euphron, la création n'est terminée chez personne. Celui qui féconde les âmes ne se borne pas à distribuer à la plante divine lumière, chaleur, rosée, pour la faire mûrir. Sache que le germe céleste contient une force de croissance infinie, elle dure encore après la grande moisson et revit sous des soleils nouveaux.

Apollodore : Qu'elle vienne donc, la divine Cérès, armée de sa faucille! Qu'elle vienne recueillir les blés déjà mûris! Que tardons-nous, Socrate? N'es-tu pas tenté d'entreprendre le grand voyage? Viens! Quant à moi, je l'avoue, nulle félicité ne me semble comparable à celle de repousser ce dur sillon, et de nous élancer plus haut que tous les Olympes connus.

Socrate : Non, Apollodore, et je te blâmerais si tu n'aimais pas la vie. Quoi! partir avant d'accomplir les Douze Travaux? Ou crois-tu que ce soit la seule affaire d'Hercule? Nous tous, nous avons des monstres à terrasser, des captifs à délivrer. Tous, même Euphron. Et puis, ce que tu n'aurais pas achevé ici, il faudrait le recommencer ailleurs. Avec plus de peine, qui sait ? Car tu serais peut-être séparé, un moment, des bons compagnons qui t'aident dans ta rude besogne de bûcheron. Ainsi, crois-moi, reste avec nous jusqu'à ton heure.

Euphron : M'est-il permis de t'interrompre, Socrate ? Dis-moi, s'il te plaît, n'as-tu jamais éprouvé dans la veille, en plein jour, la torpeur du sommeil ? D'autres fois tes songes n'étaient-ils pas vivants, aussi vivants qu'une matinée de printemps ? Après un violent chagrin, ne te semblait-il pas que tu venais d'exhaler ton dernier soupir ? Ne regardais-tu pas la lumière matinale avec l'œil caverneux d'un fantôme qui se plaît douloureusement à errer parmi les vivants ? Pour t'assurer que tu n'étais pas une ombre, pour discerner la vie et le rêve, quel moyen employais-tu ?

Socrate : Je n'ai jamais rien éprouvé de pareil. Mais évidemment, quel autre moyen, sinon reprendre le travail accoutumé, l'activité, pour se sentir en possession de la vie. D'ailleurs, sache-le, enfant, l'âme du juste connaît à peine la distinction entre la vie et la mort, le temps et l'infini.

Euphron : Ne diras-tu pas la même chose de ceux qui ont beaucoup souffert ? S'ils ont traversé les grandes transfigurations morales, ne peut-on pas affirmer qu'ils ont vécu plusieurs vies en une seule vie? N'est-ce pas là aussi mourir et renaître?

Socrate : Sans doute ; et ils en conviendraient, si on les interrogeait.

Mais toi, Apollodore, tu ne diras plus qu'il suffit de repousser ce dur sillon. Ce n'est pas la mort qui divinise le lutteur d'Olympie. Aime la vie, c'est le combat, et, si tu le veux, la couronne du vainqueur.

Euphron : O Socrate, l'amour de la vie suppose une autre âme qui vous attire comme la lumière et qu'on adore.

Apollodore : Qu'entends-tu par adorer?

Euphron : Mais... adorer, c'est plus qu'aimer. C'est posséder en amour l'idéal, le type divin, le médiateur qui nous rapproche de la divinité...

Ne penses-tu pas que ces médiateurs existent?

Socrate : Sans doute, et ils existeront dans tous les temps, et souvent méconnus.

Euphron : Socrate ! tu es aussi un médiateur, et voilà pourquoi je t'adore ! Mais je t'aime aussi. Et ce mot rétablit entre nous l'égalité que la seule bonté me permet d'invoquer.

Apollodore : Adorer la vertu dans autrui, ce n'est pas assez. Élance-toi dans l'arène, et saisis le prix du combat.

Euphron : O divinité, donne-moi donc la victoire !

Mais, explique-toi... est-ce le corps ou est-ce l'esprit qui nous entrave ? Je crois plutôt que c'est l'esprit... Tantôt je désespère de moi, me trouvant à peine digne de te contempler, toi et Apollodore, tantôt je m'élance au plus haut des cieux. Là, je vis dans une égalité parfaite avec les sages, les héros, ignorant les douleurs et les misères de l'humaine nature.

Socrate : Et si c'était vrai, généreux Euphron ! Oui, ton âme hait le mal d'une haine douloureuse. La vertu seule a pour toi de célestes attraits. Le laid te fait horreur. Va, il y a longtemps que je t'observe. Tu es l'Enthousiasme même.

Euphron : C'est la flamme qui alimente ma vie ; éteignez-la, et mon cœur cesse de battre, mon âme replie ses ailes. O divinité, je te bénis de m'avoir fait le don de l'enthousiasme, cette mesure de l'Infini dans les sentiments.

Et toi, Socrate, je te bénis aussi, toi qui vis de justice et de vérité, comme d'autres vivent de pain et de miel. Toi, dont l'esprit sublime et le cœur si bon, n'accueillent jamais que de saintes pensées. Oh ! entraîne-moi avec toi à l'heure où tu aborderas la cité éternelle. Je ne puis te perdre de vue, moi qui t'ai donné ma vie comme une offrande.

Socrate : Que faut-il répondre à Euphron ?...

Vois, le soleil disparaît vers Eleusis... la nuit approche. Mais demain, et toujours, il reparaîtra sur la cime de l'Hymette ; et nous reprendrons ici ou ailleurs nos entretiens sur les aurores éternelles.

Et maintenant, en passant sur l'Agora, allons, pour complaire à Euphron, saluer les statues de ses héros.

XII

J'aurais voulu écrire un Essai sur la Vie et la Mort du Génie Grec, continuer pour les historiens ce que j'ai tenté pour Périclès, Démosthène, Théocrite, Épictète ; je ne me suis pas senti la force nécessaire.

Il aurait fallu scruter plus profondément la pensée du maître, l'idée de son livre, et il ne me l'a fait entrevoir que dans les derniers jours de sa vie.

Ces recherches, dans les secrets d'une pensée aujourd'hui muette, sont très délicates ; d'ailleurs, un pareil travail ne s'improvise pas.

Et que de scrupules vous arrêtent ! Comment oser interpréter l'œuvre du maître ? Comment retracer avec assurance la méthode, le plan qu'il eût suivi ? Comment, d'une main novice, toucher à un dessin à peine indiqué, sans craindre de l'effacer ?

Se tromper soi-même ? dérouter le lecteur qu'un

instinct juste porterait peut-être à entrevoir la vérité, cette vérité si pieusement invoquée ?

J'ai dû me borner à ces notes rapides, rappeler ses entretiens, rassembler un petit nombre de citations tirées de ses ouvrages antérieurs, pensées de même nature, de la même famille.

L'unité admirable de cette pensée et de cette vie a permis ces rapprochements.

L'unité dans la variété tient au fond immuable d'une nature toujours en accord avec elle-même, et si richement douée, qu'elle peut parcourir les formes multiples de la pensée, se manifester dans diverses créations, sans perdre l'individualité qui la caractérise dès son point de départ.

Rarement esprit a embrassé des sujets plus variés, en conservant l'unité qui constitue son principe et sa force. Dans l'espace de cinquante-trois ans, où cette intelligence n'a cessé de produire, la note fondamentale se retrouve la même, dans la première œuvre comme dans la dernière, sans que l'on puisse surprendre une répétition dans aucun de ses travaux.

En 1822, Edgar Quinet écrivait un traité sur la Personnalité humaine (encore inédit) ; on y retrouverait sûrement le germe des pensées épanouies dans *Vie et Mort du Génie Grec*.

Ceux qui étudient les symphonies des maîtres sont familiarisés avec ce phénomène musical :

voici, dans la première partie, des notes ravis-
santes ; elles expirent tout à coup ; elles renaissent
avec plus d'accent ; elles se taisent encore ; elles
reviennent une troisième fois avec éclat, avec
des combinaisons nouvelles. Enfin, le maître reprend cette idée musicale, lui fait suivre ses développements naturels ; elle parcourt des tons divers
et devient le motif dominant.

Et ce premier motif fera naître ainsi une lignée
d'accords harmonieux, féconds en autres accords ;
ils revêtent toutes les figures musicales, et forme-
ront la symphonie.

Quelquefois, le musicien, emporté par la fougue,
la richesse de l'inspiration, néglige cette note mé-
lodique, fleur charmante oubliée sur sa route,
mais non perdue. Fleur? Moins que cela, graine
ressemée par le vent. Un jour, il la retrouve par
hasard. Tant d'autres voix s'étaient éveillées en
lui ! Pendant qu'il obéissait à son génie créateur
dans des œuvres différentes, la note féconde, le
germe sonore, devient, à son insu, le point de
départ d'une autre sonate, d'une autre symphonie.

Ceux qui possèdent Beethoven et Mozart ont
remarqué ces pensées-mères éparses au commencement ou à la fin des plus merveilleuses composi-
tions. Ces maîtres, si riches en harmonie, en faculté
créatrice, on peut les caractériser précisément par
ce mot : l'unité dans la variété.

Ainsi du penseur. Telle vérité, belle et féconde, jetée en passant, ou tombée de sa riche corbeille, s'épanouira bien des années après dans une autre œuvre, où elle semble venir sur un terrain plus propice.

Jamais écrivain ne se répéta moins qu'Edgar Quinet, et jamais identité de vues plus frappante. Seulement ces vues s'étendent, s'élargissent, s'enchaînent, se développent, comme les sons, les notes premières, éparses au commencement d'une symphonie, et qui forment plus loin des gerbes de mélodies.

Vers la fin d'un ouvrage, par exemple dans la *Création*, écoutez cette note fraîche et pure, on aimerait l'entendre encore. Elle n'a retenti qu'une fois, elle semble oubliée. Les années passent. Que de travaux, différents de fond et de forme, ont suivi ! Et voici que, dans l'*Esprit nouveau*, le son final de la *Création* devient le point de départ d'une harmonie nouvelle, qui parcourt tous les tons, toutes les modulations de la pensée et crée l'œuvre qu'amis et adversaires ont placée si haut.

Dans la *République*, conditions de régénération de la France, voici encore une note isolée : « L'antiquité entrevue à travers nos désastres ». Cette pensée ne va pas plus loin. *Vie et Mort du Génie Grec* la reprend. Ce son fugitif devient le point fondamental d'un accord nouveau... Hélas ! cette

dernière note harmonieuse a parcouru peu de tons ;
elle expire, et cette fois se tait pour toujours.

« Nulle philosophie ne peut produire la paix
que donne le spectacle des choses héroïques. Une
âme capable de s'y conformer un moment y trouvera sa guérison. »

Ce vœu sera exaucé, si les idées de ce livre
portent dans l'âme du lecteur la paix fortifiante
qu'elles ont répandue sur les moments suprêmes
d'Edgar Quinet.

Il s'est endormi du sommeil éternel dans le souvenir des victoires du Génie hellénique. Elles
rayonnaient jusque sur les lointaines destinées de
la France et se confondaient pour lui avec l'avenir
de la patrie.

L'héroïsme, la vertu antique, veillant près de la
couche funèbre d'un sage, d'un héros de la pensée,
quelle fin plus grande?

Dans la dernière page de l'*Esprit nouveau* il
convie autour de lui pour l'heure suprême les
pensées les plus hautes et les meilleures où il a
pu s'élever, les vérités qu'il a rencontrées et ser-
vies, les idées immortelles qui lui ont apparu depuis sa jeunesse jusqu'à son dernier jour.

Elles sont venues et lui ont préparé « ce magni-

fique cortège qu'aucune puissance humaine n'empêche de passer et de resplendir dans la nuit. »

Elles sont venues, elles ont entouré comme un
chœur invisible l'historien, le penseur, le poète.
Elles l'ont accompagné au delà des portes du tombeau jusque dans les sphères sereines, d'où un
esprit arrivé sur les sommets terrestres s'élance
plus haut encore et poursuit l'ascension infinie de
l'éternelle Vérité.

Mais l'œuvre brisée, inachevée, qu'elle eût été
belle, si quelques jours de plus lui avaient été
accordés !

On entrevoit sa pensée ; puisse-t-elle un jour
inspirer un esprit de la même famille, un disciple
de Quinet, un cœur vivifié par l'allégresse de la
victoire !

Paris, 27 mars 1876. Premier anniversaire funèbre.

APPENDICE

APPENDICE

Le 29 mars 1875, le peuple de Paris se portait à la rencontre du char funèbre qui ramenait de Versailles à Paris le grand proscrit. La foule grossissait de minute en minute, une masse noire recouvrait les hauteurs du Trocadéro, le Champ-de-Mars, l'Esplanade des Invalides, les abords du Montparnasse, toute la ligne des boulevards. Accueilli par les cris mille fois répétés de Vive la République! le cortège avançait lentement à travers cette mer humaine, salué à chaque pas, depuis la porte de Courcelles jusqu'au cimetière, par l'immense acclamation.

Rien d'officiel dans le cortège. On était aux plus sombres jours de la réaction. Le bureau de l'Assemblée manquait. Les honneurs militaires auxquels Edgar Quinet avait droit comme député de la Seine et comme officier de la Légion d'Honneur, ne lui furent pas décernés. En revanche, tout Paris était debout, en deuil, unanime dans l'hommage rendu à cette vie glorieuse.

Les anciens auditeurs du Collège de France marchaient confondus avec les deux cent mille électeurs du 8 février 1871, tous une fleur d'immortelle à la boutonnière. L'Union républicaine et la Gauche, avec leurs présidents, étaient en tête du cortège. Près du cercueil, la compagne d'exil, l'âme survivante d'Edgar Quinet.

Ces funérailles, augustes dans leur simplicité, étaient dignes de lui. Il a trouvé sa récompense dans l'élan populaire du 29 mars, dans l'explosion de la conscience publique. Cette journée nous a fait revoir quelque chose des funérailles antiques, où Périclès prononçait l'éloge des guerriers morts pour la Patrie.

Le cercueil ne disparaissait pas sous les fleurs. Pas une seule couronne. Un bouquet de lilas blanc; voilà tout. Aucune députation des Écoles ne rappelait l'immortel enseignement du Collège de France et celui de Lyon. On n'avait pas eu le temps de s'organiser; le coup était si foudroyant. On ne le savait pas même malade. La veille, Paris apprenait avec douleur que son représentant lui était enlevé, que le proscrit n'était rentré dans la patrie que pour y trouver un tombeau.

Le cortège se frayait avec peine un passage, comme si le peuple voulait retarder le moment de la séparation et garder le plus longtemps possible celui qui avait subi vingt ans de proscription, comme une protestation du droit contre le crime. On comparait ce long exil et les courtes années depuis le retour... Ce retour n'a duré qu'une heure, mais il couronne dignement l'existence de l'héroïque lutteur qui accourut de l'exil dans Paris assiégé pour y prendre sa part de péril, et continuer jusqu'à son dernier souffle le combat du bon droit.

Martyr de la liberté ! Ce mot était dans tous les cœurs ; il éclata au moment où le convoi funèbre franchit le pont d'Iéna pour entrer dans le Champ-de-Mars ; la foule cria : Honneur au Martyr de la liberté !

Plus loin, lorsque le char mortuaire passa sous le viaduc du chemin de fer, chaussée du Maine, le même cri s'éleva de la foule massée sur le pont, et une pluie d'immortelles tomba sur le char.

Rien de plus majestueux que cette grande voix du peuple, plus puissante que les beffrois et vibrant d'une mâle tristesse, chœur gigantesque, célébrant la liberté dans un de ses plus purs défenseurs. Le deuil public éclatait dans l'intonation si grave de ces derniers adieux. Au commencement faibles, isolées, puis répétées, multipliées, enfin unanimes, continues, ces acclamations profondes accompagnèrent le cortège sur tout son parcours. Cette voix que rien n'interrompait, ne las-

sait, oh ! c'était la voix de la terre de France ; elle
saluait celui qui l'a glorifiée, servie, aimée jusqu'à
la mort. Cri sublime, déchirant comme l'adieu ;
solennel comme le jugement de la postérité. L'immense note tenue semblait dire : « Nous te perdons, toi, l'homme du droit, mais tu revis dans nos
cœurs... Vive la République !

« Nous te perdons, mais l'immortel exemple
nous reste... Vive la République !

« Ton nom est un symbole d'honneur et de lumière. En toi nous acclamons aussi tous ceux qui
ont souffert pour la patrie, qui ont personnifié la
justice, la liberté, ces hommes intègres, rochers
restés debout dans la mer de servitude.

« En toi nous acclamons l'avenir, une République
fière et pure, fidèle à vos leçons, à votre souvenir
ô saints de la Démocratie ! »

En face de la tombe, un député de Paris invo-
qua le silence « au nom du deuil public », et Victor
Hugo prit la parole.

Je viens, devant cette fosse ouverte, saluer une grande âme.

Nous vivons dans un temps où abondent glorieusement les écrivains et les philosophes. La pensée humaine a de très hautes cîmes dans notre époque ; et, parmi ces cîmes, Edgar Quinet est un sommet. La clarté sereine du vrai est sur le front de ce penseur. C'est pourquoi je le salue.

Je le salue parce qu'il a été citoyen, patriote, homme ; triple vertu ; le penseur doit dilater sa fraternité de la famille à la patrie et de la patrie à l'humanité ; c'est par ces élargissements d'horizon que le philosophe devient apôtre. Je salue Edgar Quinet parce qu'il a été généreux et utile, vaillant et clément, convaincu et persistant, homme de principes et homme de douceur ; tendre et altier ; altier devant ceux qui règnent, tendre pour ceux qui souffrent. (*Applaudissements. — Cris de Vive la République !*)

L'œuvre d'Edgar Quinet est illustre et vaste.

Elle a le double aspect, ce qu'on pourrait appeler le double versant politique et littéraire, et par conséquent la double utilité dont notre siècle a besoin : d'un côté le droit, de l'autre l'art ; d'un côté l'absolu, de l'autre l'idéal.

Au point de vue purement littéraire, elle charme en même temps qu'elle enseigne ; elle émeut en même temps qu'elle conseille. Le style d'Edgar Quinet est robuste et grave, ce qui ne l'empêche pas d'être pénétrant. On ne sait quoi d'affectueux lui concilie le lecteur. Une profondeur mêlée de bonté fait l'autorité de cet écrivain. On l'aime. Quinet est un de ces philosophes qui se font comprendre jusqu'à se faire obéir. C'est un sage parce que c'est un juste.

Le poëte en lui s'ajoutait à l'historien. Ce qui caractérise les vrais penseurs, c'est un mélange de mystère et de clarté. Ce don profond de la pensée entrevue, Quinet l'avait. On sent qu'il pense, pour ainsi dire, au delà même de la pensée. (*Mouvement.*) Tels sont les écrivains de la grande race.

Quinet était un esprit ; c'est-à-dire un de ces êtres pour qui la vieillesse n'est pas, et qui s'accroissent par l'accroissement des années. Ainsi ses dernières œuvres sont les plus belles. Ses deux ouvrages les plus récents, la *Création* et l'*Esprit nouveau*, offrent au plus haut degré ce double caractère actuel et prophétique qui est le signe des grandes œuvres. Dans l'un et dans l'autre de ces ouvrages, il y a la Révolution qui fait les livres vivants, et la poésie qui fait les livres immortels. (*Bravos.*) C'est ainsi qu'un écrivain existe à la fois pour le présent et pour l'avenir.

Il ne suffit pas de faire une œuvre, il faut en faire la preuve. L'œuvre est faite par l'écrivain, la preuve est faite par l'homme. La preuve d'une œuvre, c'est la souffrance acceptée.

Quinet a eu cet honneur, d'être exilé, et cette grandeur, d'aimer l'exil. Cette douleur a été pour lui la bien venue. Être gênant au tyran plaît aux fières âmes. (*Sensation.*) Il y a de l'élection dans la proscription. Être proscrit, c'est être choisi par le crime pour représenter le droit; (*Acclamations.* — *Cris de :* Vive la République! vive Victor Hugo!), le crime se connaît en vertu : le proscrit est l'élu du maudit. Il semble que le maudit lui dise : Sois mon contraire. De là une fonction.

Cette fonction, Quinet l'a superbement remplie. Il a dignement vécu dans cette ombre tragique de l'exil où Louis Blanc a rayonné, où Barbès est mort. (*Profonde émotion.*)

Ne plaignez pas ces hommes ; ils ont fait le devoir. Être la France hors de France, être vaincu et pourtant vainqueur, souffrir pour ceux qui croient prospérer, féconder la solitude insultée et saine du proscrit, subir utilement la nostalgie, avoir une plaie qu'on peut offrir à la patrie, adorer son pays accablé et amoindri, en avoir d'autant plus l'orgueil que l'étranger veut en avoir le dédain (*Applaudissements*), représenter, debout, ce qui est tombé, l'honneur, la justice, le droit, la loi ; oui, cela est bon et doux, oui, c'est le grand devoir, et à qui le remplit qu'importe la souffrance, l'isolement, l'abandon ! Avec quelle joie, pour servir son pays de cette façon austère, on accepte, pendant dix ans, pendant vingt ans, toute la vie, la confrontation sévère des montagnes ou la sinistre vision de la mer ! (*Sensation profonde.*)

Adieu, Quinet. Tu as été utile et grand. C'est bien, et ta vie a été bonne. Entre dans toutes les mémoires, ombre vénérable. Sois aimé du peuple que tu as aimé.

Adieu.

Un dernier mot.

La tombe est sévère. Elle nous prend ce que nous aimons, elle nous prend ce que nous admirons. Qu'elle nous serve du moins à dire les choses nécessaires. Où la parole sera-t-elle haute et sincère si ce n'est devant la mort ? Profitons de notre douleur pour jeter des clartés dans les âmes. Les hommes comme Edgar Quinet sont des exemples ; par leurs épreuves comme par leurs travaux, ils ont aidé, dans la vaste marche des idées, le progrès, la démocratie, la fraternité.

L'émancipation des peuples est une œuvre sacrée. En présence de la tombe, glorifions cette œuvre· Que la réalité céleste nous aide à attester la réalité terrestre. Devant cette délivrance, la mort, affirmons cette autre délivrance, la Révolution. (*Applaudissements.* — Vive la République!) Quinet y a travaillé. Disons-le ici, avec douceur, mais avec hauteur, disons-le à ceux qui méconnaissent le présent, disons-le à ceux qui nient l'avenir, disons-le à tant d'ingrats délivrés malgré eux (*Mouvement*), car c'est au profit de tous que le passé a été vaincu, oui, les magnanimes lutteurs comme Quinet ont bien mérité du genre humain. Devant un tel sépulcre, affirmons les hautes lois morales. Écoutés par l'ombre généreuse qui est ici, disons que le devoir est beau, que la probité est sainte, que le sacrifice est auguste, qu'il y a des moments où le penseur est un héros, que les révolutions sont faites par les esprits, sous la conduite de Dieu, et que ce sont les hommes justes qui font les peuples libres. (*Bravos.*) Disons que la vérité, c'est la liberté. Le tombeau, précisément parce qu'il est obscur, à cause de sa noirceur même, a une majesté utile à la proclamation des grandes réalités de la conscience humaine, et le meilleur emploi qu'on puisse faire de ces ténèbres, c'est d'en tirer cette lumière. (*Acclamations unanimes.*)

DISCOURS DE M. HENRI BRISSON

AU NOM DE L'UNION RÉPUBLICAINE

Après de si grandes paroles, les plus grandes
que vous pussiez entendre, et lorsque je sais
qu'il va vous être donné d'en entendre de si élo-
quentes encore, que puis-je faire ici, sinon
d'adresser à Edgar Quinet un adieu personnel ?
et que pourrais-je faire de mieux que d'exprimer
des sentiments personnels, si je veux rendre ceux
qui sont éprouvés par les hommes au milieu desquels je vis, par ces représentants du peuple de
l'Union républicaine, au nom desquels j'ai le devoir de parler ici ?

Les grands esprits comme Edgar Quinet
jouissent d'un rare privilège : c'est qu'ayant au
même moment imprimé la même secousse à des
milliers d'intelligences, à des milliers de cœurs, le
premier venu parmi leurs contemporains peut se
borner à redire ses impressions, en étant sûr en
quelque sorte de rendre l'impression de tous les
autres.

Leurs livres et leur vie sont comme un rendez-vous où se retrouvent, avec leurs émotions, leurs sentiments, leurs passions, des générations tout entières. (*Applaudissements.*)

Il n'est personne aujourd'hui, Messieurs, qui ne se souvienne, s'il avait âge d'homme à cette époque, de ces premières années de l'empire, de ces dures et terribles années que nous avons traversées ; il n'est personne aussi qui ne se rappelle que l'unique consolation que nous eûmes alors, ce fut l'apparition de ces livres de l'exil, de ces œuvres signées du nom de ceux qu'un tyran parjure avait privés de la patrie. (*Mouvement.*)

Auprès du chantre immortel des *Châtiments*, comment pourrais-je exprimer dignement tout le bien qu'ils nous ont fait ? (*Sensation.*) Soyez bénis, mille fois bénis, livres de l'exil ! Ce que vous avez arraché d'âmes au désespoir qui les tentait, à la contagion qui les entourait ; ce que vous avez arraché de ces âmes à la malfaisante influence du despotisme est innombrable ! Tout ce qu'elles ont conservé de virilité, de moëlle et de vertu, elles vous le doivent ! nous ne l'avons pas oublié ! (*Applaudissements.*)

Quinet fut une de ces voix de l'exil ! Presque au lendemain du coup d'État, il nous donnait le troisième fascicule de ses *Révolutions d'Italie*, ce livre si ferme, si profond, si plein d'enseignements, sur le frontispice duquel il avait écrit, le

15 octobre 1851, six semaines avant le 2 décembre, cette dédicace : « Aux exilés italiens ». Lorsque parurent les dernières feuilles, les patriotes français avaient pris eux-mêmes le chemin de l'exil ! (*Vive émotion.*) Les patriotes français ! oh ! si je puis me servir de cette expression, c'est bien lorsque j'ai à parler d'Edgar Quinet. Il dit quelque part : « Une pensée qui illumine l'existence de l'homme, c'est le plus beau don que les cieux puissent lui faire. Que j'aie ce lot à la fin de ma vie, et je les tiens quitte du reste. » Eh bien, ce qui a illuminé la vie de Quinet, ç'a été précisément la pensée de la patrie.

Quelques-uns l'ont pris pour un cosmopolite, parce qu'il avait profondément étudié les races qui nous entourent. Mais ceux qui lisent soigneusement même les œuvres où il n'a pas traité de son sujet favori, de sa passion pour son pays, pour la France moderne, pour la Révolution française, sont obligés de reconnaître que ces livres, si étrangers qu'ils y soient en apparence, devenaient sous sa main de véritables apologues, et qu'ils sont tournés vers le même but, l'instruction de ses concitoyens.

Après les *Révolutions d'Italie*, vint *Marnix de Sainte-Aldegonde*, une vigoureuse étude de la Révolution néerlandaise sous une forme monographique; puis cet admirable article sur la *Philosophie de l'Histoire de France* qui a fait tant de bruit dans son temps ; et enfin la grande édition de ses *Œuvres complètes*, qui ramenait à des lectures sérieuses une jeunesse quelque peu égarée.

Si j'insiste surtout sur ce temps de sa vie, ce n'est pas uniquement parce que c'est le moment où ma génération entra en communication avec lui, c'est parce que je crois que c'est le moment où son œuvre a été la plus bienfaisante.

Ah ! sans doute, antérieurement, au Collège de France, il avait déjà suscité dans la jeunesse des ardeurs généreuses, et c'est beaucoup ! mais, à l'époque dont je parle, il a contribué puissamment, quoique absent, à maintenir en France une jeunesse d'élite, et c'est là une œuvre plus grande que bien d'autres. Du moins je l'ai senti ainsi à cette époque, et je ne crois pas, non, je ne crois pas être trompé, ni par ma reconnaissance, ni par mon chagrin. Je vous le dis comme je l'éprouve, et j'ai peine à surmonter mon émotion.

Quinet est le second que je conduis au tombeau, en bien peu de temps, d'une famille que j'ai aimée et qui était, je vous assure, une fière et forte race. Eh bien, cet homme nous ne le reverrons plus ! Vous vous le rappelez, ô mes amis de l'Union républicaine ; vous vous rappelez ce vieillard à la fois superbe, charmant et bon. (*Applaudisse-ments.*)

Quelle sûreté dans le jugement! Il avait, le premier, dès le mois d'août 1871, réclamé de nouvelles élections générales. Que de crises on eût évitées, que de difficultés, si on l'eût écouté, eussent été aplanies — qu'il a fallu tourner depuis!

Quel charme dans ses relations! Il avait conservé la grande et simple affabilité des hommes bien élevés de son temps, il chérissait les jeunes hommes, il les encourageait, les échauffait sans cesse à sa flamme si douce et si pénétrante. (*Vive émotion.*)

On sentait que l'un des plus grands soucis de sa vie, son souci constant avait été de préparer, d'animer, de couver en quelque sorte des générations destinées à continuer l'œuvre de la sienne. Il y pensait sans cesse, il y pensait hier encore. Lisez la préface de son dernier volume, cet *Esprit nouveau* qui est comme son testament, et vous verrez que c'était la pensée de sa dernière heure. Hélas! il l'a daté de cet automne; pressentait-il déjà qu'il ne reverrait pas le printemps?

Ah! que de fois, dans ce lyrisme puissant qui débordait en lui, il a célébré l'éternelle jeunesse de la nature, l'éternel travail de l'humanité! Eh bien, ce travail incessant, ce labeur opiniâtre, cette continuité dans les œuvres, surtout cette action persévérante que rien ne décourage et ne déroute, c'est là l'exemple que nous donne la vie de Quinet; c'est cet exemple qu'il faut recueillir, c'est lui aussi qu'il faut suivre.

Nous ne pouvons pas espérer servir la cause qu'il a servie, avec autant d'éclat; mais, à cette cause de la République, nous pouvons bien, sans orgueil, promettre et tenir autant de fidélité. (*Applaudissements prolongés.*)

Messieurs,

Je viens au nom du Collège de France, rendre un dernier hommage à notre cher et vénéré collègue, M. Edgar Quinet.

Il nous appartenait depuis trente-cinq ans. C'est en 1841 que le gouvernement établit au Collège de France la chaire des langues et littératures de l'Europe méridionale. Le ministre de l'instruction publique, M. Villemain, bon juge en fait de mérite, appela à remplir cette chaire M. Quinet, déjà connu comme écrivain, et qui professait avec succès la littérature étrangère à la Faculté des lettres de Lyon.

M. Quinet avait un enseignement à créer, car, chose singulière, en 1841, l'étude des littératures étrangères était encore une nouveauté dans notre pays. Mais M. Quinet était admirablement préparé par les fortes études qu'il avait faites, par ses lectures, par ses voyages. Il apportait dans la chaire ce qui fait la vertu du maître, l'amour de la science ou, sous un autre nom, l'amour de la vérité. Il y apportait aussi les qualités de l'orateur, comme on en peut juger par les livres qui nous ont conservé les leçons du professeur. On y sent vibrer la voix du poète. Poète, c'est le vrai titre qui convient à M. Quinet; il en avait l'imagination, la grâce, la passion, l'esprit prophétique, et quelquefois aussi les illusions.

En 1852, au lendemain du coup d'État, M. Quinet nous fut enlevé par l'exil. On supprima sa chaire, comme si on eût craint qu'il n'y restât un écho de cette voix généreuse. Mais on avait pu arracher de nos rangs notre collègue, on n'avait pu le chasser de nos cœurs. (*Approbation.*) Aussi avons-nous applaudi aux mesures réparatrices de M. Jules Simon, quand il nous rendit M. Quinet, et effaça, autant qu'il était en lui, l'injustice de la proscription.

Retenu à Versailles par le labeur de la vie publique, M. Quinet n'a pas eu le temps de remonter dans sa chaire; mais son nom honorait notre programme; nous n'avions pas perdu l'espoir de l'entendre; il était des nôtres; nous ne le sentons que trop au vide que sa mort laisse parmi nous.

Messieurs, d'autres voix plus connues vous parleront de la vie politique de M. Quinet; je n'ai à parler ici que des services, nécessairement obscurs, du professeur. Quand on a dit de nous que nous avons cherché la vérité sans esprit de secte ni de parti, on a fait tout notre éloge. Mais, avant de finir, je regarde comme un devoir d'évoquer sur cette tombe la mémoire d'un homme qui nous a appartenu, qui fut l'émule et l'ami constant de M. Quinet, son compagnon dans la bonne et la mauvaise fortune, et qui, moins heureux que M. Quinet, n'a point vu se lever pour lui le jour de la réparation. Le nom de M. Michelet est étroitement lié à celui de M. Quinet ; il n'est pas permis de séparer dans la mort ceux qui ont été inséparables dans la vie. (*Applaudissements.*)

Pour nous, Messieurs, nous garderons pieusement le souvenir de ces deux noms qui honorent le Collège de France. Nous n'oublierons pas ces deux maîtres qui ont eu ce caractère commun d'aimer passionnément la France, et de consacrer leur talent à la faire mieux connaître et à la rendre plus chère à ses enfants.

Au lendemain des cruelles épreuves dont nous sommes sortis sanglants et mutilés, il est bon de louer ceux qui ont mis leur science, leur travail, leur vie tout entière au service de la patrie : c'est l'honneur de M. Quinet, c'est ce qui assure à sa mémoire le respect et la reconnaissance de ses concitoyens.

DISCOURS DE GAMBETTA

AU NOM DES GÉNÉRATIONS NOUVELLES

Messieurs et chers concitoyens,

En prenant la parole, je cède au désir exprimé par la vaillante femme qui a poussé le courage, en l'honneur et pour la mémoire de l'homme que nous sommes venus accompagner et pleurer ici, jusqu'à assister à cette noble et douloureuse cérémonie qui nous rassemble; j'y cède avec le sentiment de la difficulté insurmontable de pouvoir, après les paroles que vous avez entendues, après ce que vous savez de l'homme qui va reposer sous cette terre, le saluer dignement, comme il le mérite, dans ses facultés si rares, dans ses œuvres si éminentes, dans le renom qu'il laissera après lui, au nom du parti auquel il appartenait et dont il restera l'un des serviteurs les plus illustres et les plus éclairés.

Mais je sais au milieu de qui je me trouve, et je sais aussi, mes chers concitoyens, — votre présence ici, dans une journée semblable, en est une démonstration éclatante, — je sais le culte que vous gardez à vos grands morts, la piété avec laquelle vous les accompagnez et vous allez chaque année visiter leur tombe en souvenir de leurs glorieux services.

Aussi, Messieurs, me confiant en ces sentiments, qui me sont connus, j'espère que vous voudrez bien être indulgents pour les quelques paroles que je vais vous adresser.

Quand on se trouve devant une tombe comme celle qui va se fermer, on n'y est pas pour faire de vaines oraisons funèbres ; et c'est surtout quand les pompes extérieures, quand les cérémonies ordinaires ont été légitimement et civiquement écartées, qu'il convient de regarder ces rendez-vous de la mort comme les occasions les plus propices pour l'enseignement des hommes. Or, mes chers concitoyens, il n'y a pas de vie, j'ose le dire, qui soit d'un plus haut enseignement, d'un plus sévère et d'un plus efficace exemple que la vie du grand et noble citoyen que nous escortons dans ce cimetière. (*Marques d'assentiment.*)

Il peut, à juste titre, figurer dans cette trinité que la mort cruelle nous a enlevée depuis moins d'un an, entre Michelet et Ledru-Rollin. Oui, Quinet est aussi un des pères de la démocratie contemporaine, un de ceux qui ont le plus fait, par la parole, par l'action, par l'écrit, pour assurer, à cette démocratie qui m'entoure, l'existence de sa souveraineté, pour établir en France le règne de la justice et du droit. (*Marques de vive approbation.*) Et si la mort continue à frapper à coups redoublés dans nos rangs, elle pourra bien nous enlever jusqu'aux derniers restes de ces incomparables lutteurs de la première heure, mais jamais elle ne pourra nous ravir ni leurs doctrines, ni leur exemple, ni ce quelque chose de supérieur encore, — car il n'y a rien que les résultats qui comptent dans la vie des peuples, — la trace toujours vivante, agissante et féconde qu'ils ont laissée dans les idées, dans les opinions, dans les institutions, dans les mœurs de notre pays. (*Marques d'approbation.*)

Oui, Messieurs, Ledru-Rollin, — qu'il y a trois mois nous n'avons pas pu accompagner au cimetière, dont nous n'avons pas pu honorer la grande mémoire par suite de l'éloignement et de circonstances imprévues au moment de sa mort soudaine, — Ledru-Rollin, je saisis cette occasion de le dire, parce que nous nous trouvons réunis aujourd'hui dans un lieu funèbre et propice à la piété et à la religion vraie des hommes, Ledru-Rollin a été l'auteur du suffrage universel ; mais Quinet, vingt ans avant, le réclamait dans cet admirable *Avertissement à la Monarchie*, en 1830, où il prenait si hardiment le parti de la réforme électorale, le parti de la démocratie, seule puissance qui lui apparût, dès

lors, capable de refaire la France et de la mettre
à la hauteur du rôle que sa révolution lui a créé
parmi les peuples modernes.

D'un autre côté, pendant que Michelet refait,
dans ce Paris dont il est comme l'incarnation
vivante, l'histoire du peuple français, avec ce
génie prodigieux de résurrection qui fait de tous
ses lecteurs les témoins, les contemporains des
drames qu'il raconte, à côté de lui, Quinet poursuit, avec moins de passion peut-être, mais avec
une étonnante sûreté de coup d'œil, le relève-
ment de la France; partout il lui cherche des
alliés, des amis, des disciples. Mais, chose plus
surprenante encore, il voyait déjà d'où pouvait
venir le péril, d'où il viendrait, et c'est ce qui
faisait tout à l'heure dire à M. Laboulaye, ce
collègue digne de M. Quinet dans l'enseignement
supérieur du Collège de France, cet ancien compagnon des vieilles luttes, que Quinet avait eu le
don de prophétie quand il avait tourné les yeux
du côté de l'Allemagne. C'est ainsi qu'il lui arriva
de pousser le cri d'alarme longtemps avant le
danger.

Ce savant, ce poète apercevait l'invasion derrière
les thèses nuageuses et pédantes des universités
germaniques. Son amour profond de la France
éclairait pour ses yeux avides de lumière les
obscurités mêmes de l'avenir.

Aussi, mes chers concitoyens, comment s'étonner que plus tard, sous les coups de la force, lorsque Edgar Quinet et ses illustres compagnons d'exil, furent forcés de quitter le sol de la patrie, comment s'étonner que ces hommes, nos maîtres et nos guides, aient fait ce qu'on n'avait jamais fait, ce que Danton redoutait de ne pouvoir faire, qu'ils aient comme emporté la patrie à la semelle de leurs souliers. (*Bravos prolongés.*) La patrie ne vivait que de leurs idées, de leurs enseignements, de leurs livres, de leurs œuvres dans tous les champs de la pensée.

Et il y parut bien, car lorsque l'invasion eut été amenée jusqu'au cœur de Paris, de ce Paris qui est toujours le cœur de la France... (*Bravos et cris : Vive la République !*) on vit Ledru-Rollin, Louis Blanc, Victor Hugo, Quinet, — j'arrête la liste pour ne citer que les astres de première grandeur dans ce firmament républicain (*Bravos répétés*), on les vit accourir à Paris pour y rallier le drapeau de la France. N'est-ce pas là ce qui prouve bien que c'était pour frapper la patrie que, vingt ans auparavant, on les en chassait ? Il a fallu qu'elle fût en sérieux danger, en péril de mort, pour les voir revenir de l'exil. (*Marques de vive approbation.*)

C'est à cette époque, Messieurs, que, disciple ignoré de Quinet, nourri de ses doctrines historiques, passionnément épris de son génie de poète amoureux de la France, je le vis pour la première fois. Lugubres et douloureuses circonstances où j'apprenais à connaître l'homme après le penseur, le citoyen après le philosophe, et cela quand la patrie allait périr. (*Profonde émotion.*)

C'est pour cette raison grave et douloureuse que je n'ai pas cru pouvoir me dérober à ce suprême devoir de venir, — permettez-moi le mot, il est sans ambition de ma part, — au nom de la génération nouvelle, saluer ce grand mort que nous pleurons. Oui, mes concitoyens, je l'honore et je le glorifie, en votre nom à tous, au nom de cette démocratie que vous formez, qui est non pas différente, non pas changée, mais de cette démocratie que nous composons tous et qui est, à celle qui l'a précédée, comme les fils sont aux pères, qui reconnaît et salue, avec respect, dans ses devanciers, ses ancêtres, ceux qui ont fondé l'héritage, commencé la fortune, et formé le premier patrimoine des descendants... (*Bravos*), et qui, plus épris quelquefois de la beauté idéale des principes; habitués, — ce qui est l'honneur de leur grande intelligence et ce qui a été la suprême volupté de leur exil, — à vivre face à face avec l'intégrité du beau et du vrai, ont payé de leurs travaux et de leurs douleurs le droit de planer au-dessus des

détails mesquins et des nécessités vulgaires de la
politique quotidienne.

Messieurs, il est arrivé, surtout dans ces derniers temps, que l'on a parlé de certaines dissidences ; je veux m'en expliquer devant cette tombe,
qui va renfermer pour jamais les restes vénérés
d'un ami sûr dont les sages conseils survivront à
sa mort. Ces dissidences, que nos adversaires
grossissaient pour les exploiter, que des écrivains
toujours à l'affût de fausses nouvelles dénaturaient
sciemment, ces dissidences n'ont jamais pu alté-
rer, n'altéreront jamais l'accord indestructible sur
le fond des choses... (*Non ! Non ! — Bravos !*)

Oui, mes concitoyens, nous sommes et nous
resterons toujours d'accord pour nous rallier tous
autour du même drapeau, d'accord pour poursuivre
les mêmes conquêtes, d'accord pour atteindre le
même but, c'est-à-dire l'avènement de la démocratie, son installation définitive, complète, pacifique,
dans le cadre régulier des institutions politiques et
sociales de la France ; la victoire, enfin, d'une
sage et laborieuse démocratie, tenace et patiente,
qui se donne pour tâche d'obliger ceux qui, au
mépris de leurs précédents et de leur histoire, se
sont crus toute la France et ont pensé qu'ils pourraient la gouverner comme une oligarchie, de les
obliger à maintenir, dans l'intérêt supérieur de la
patrie française, l'union nécessaire entre toutes

les fractions du peuple, de la grande et généreuse démocratie qui a inscrit sur son drapeau politique cette devise qui nous donnera la victoire : *Alliance de la bourgeoisie et du prolétariat. (Bravos prolongés.)*

C'est cette politique, Messieurs, que, dans une admirable page, écrite, avec sa prescience de prophète, de ce style inimitable dont il puisait le secret dans l'amour le plus ardent pour les déshérités comme dans l'esprit de justice le plus intègre, c'est cette politique qui inspirait Quinet, quand il adressait au régime issu de 1830 ce reproche de n'être ni la monarchie, puisqu'il était né sur les barricades, ni une aristocratie, puisqu'il ne représentait qu'une classe élevée do la veille au pouvoir, et qui lui faisait dire au régime issu de la Révolution de juillet : Soyez avec la nation, avec le peuple, avec ceux qui veulent une part dans le gouvernement, dans les institutions politiques et sociales, dans tous les fruits d'une civilisation bien équilibrée, bien assise ; soyez avec la France, avec toute la France, sinon vous disparaîtrez comme des hommes d'expédients, et votre règne ne sera qu'une aventure qui disparaîtra dans une tempête.

C'est ce qui est arrivé. *(Bravos.)*

Ces vues si nettes, si larges, si démocratiques, font comprendre, Messieurs, comment en 1848, lorsque Quinet fut envoyé à l'Assemblée constituante, et après à l'Assemblée législative, il y défendit, sans jamais se décourager, la République et la politique républicaine. Toujours on retrouvait en lui le même don de clairvoyance quand il s'agissait des intérêts supérieurs de la France issue de la Révolution.

A quoi pense-t-il, ce professeur illustre, ce maître écouté de tant de générations d'étudiants, alors que l'attention de tout le monde est un peu divertie des questions de polémique et des passions des partis? Il pense à l'enseignement du peuple. Digne continuateur des hommes de la Convention, il dit que la première tâche de ceux qui gouvernent les peuples est de les instruire. Quinet monte à la tribune et supplie ses collègues de la majorité de l'entendre. On ne l'écoute pas. Alors il reprend sa plume, il écrit une brochure; car son arme vraie, c'était le livre, c'était son instrument de propagande et de conquête.

Il pousse le vrai cri, celui qui restera le cri de ralliement de la démocratie. Il dit : Pour sauver ce pays des dangers intérieurs et extérieurs qui le menacent, instruisez le peuple conformément à son génie; donnez-lui l'Instruction Laïque. (*Bravos prolongés.*)

C'est Quinet, mes concitoyens, qui le premier a prononcé ce mot; c'est lui qui a créé cette formule et, à coup sûr, nous manquerions à un devoir de stricte reconnaissance en ne regardant pas cette tombe comme le monument le plus sacré, et le plus digne des respects de cette grande population de Paris toujours si éprise de science et de liberté, si avide d'instruction et de lumières. (*Marques d'approbation.*)

N'est-ce pas là, en effet, ce qui vous tient le plus au cœur, vous tous qui m'écoutez ? C'est aussi, croyez-le bien, ce qui tient le plus au cœur du reste de la France; mais c'est aussi ce qu'on n'arrachera qu'avec les plus grandes difficultés; je veux parler de cet enseignement civil, laïque, démocratique, humain, ne relevant que de la raison. (*Bravos.*)

Voilà comment m'apparaît Quinet, Messieurs, et certes il n'en faut pas davantage pour légitimer les sentiments d'amour, de reconnaissance, d'estime profonde qu'il avait suscités dans le cœur des générations nouvelles.

Cela suffit à expliquer pourquoi, malgré son amour supérieur des spéculations pures, les conseils de Quinet étaient toujours suivis et sollicités, qu'on me permette la comparaison, avec le même soin que des artisans très habiles, que des mécaniciens de premier ordre, que des praticiens expérimentés mettent à se renseigner auprès d'un calculateur pour connaître la formule qu'il faut faire passer dans la pratique de tous les jours.

Quinet était parmi nous comme un grand dépositaire des théories, comme un grand interprète des principes de la Révolution française. Sans fanatisme, sans passion, ce qu'il avait voulu surtout appliquer, c'était moins telle administration ou telle politique que de nouvelles lois morales.

La Révolution française était surtout à ses yeux une grande révolution morale. C'est par là que Quinet laissera un enseignement toujours fécond, toujours utile, car nous aurons encore, dans notre lutte pour le progrès et la justice, bien des traverses et bien des tâtonnements.

En effet, mes chers concitoyens, ce n'est pas pour jouir à la façon des despotes que la démocratie est devenue souveraine dans ce pays. En devenant maîtresse, elle se trouve en face de grands devoirs. Ayant le pouvoir, elle a les difficultés. Il faut gouverner quand on est la majorité ; il faut être digne de garder le pouvoir quand on l'a pris, c'est pourquoi il faut s'astreindre au travail, à la discipline, à la patience, à l'esprit de combinaison, d'arrangement ; il faut savoir allier la prudence à la force. C'est là la tâche qui s'impose à tous ceux qui veulent gouverner les hommes, les hommes étant faits de passions et d'intérêts, et les gouvernements étant, dans les principes de la

Révolution française, les premiers serviteurs de l'État.

Mes chers concitoyens, Edgar Quinet représentait parmi nous cette haute raison, faite de doctrine et d'expérience. Il savait les lois de la politique et enseignait comment on doit les appliquer dans notre temps. Aussi bien, lui, Quinet, la victime des œuvres de force, lui, l'otage du 2 décembre, il ne se réclamait que de la raison, que de la discussion, ce qui est la marque supérieure d'un esprit bien trempé.

Tels sont les enseignements qu'il nous laisse, et nous ne saurions trop nous en souvenir dans la situation où nous sommes, après une conquête difficile, après avoir arraché aux ennemis les plus cruels et les plus détestés de l'esprit démocratique l'instrument à l'aide duquel nous pouvons avancer davantage, à l'aide duquel, avec de la concorde, de l'union, de la sagesse, nous devons procéder à l'affranchissement de tous, procurer enfin à notre pays, qui l'attend depuis si longtemps, ce régime de paix et de liberté, de justice et de progrès que la Révolution française a voulu fonder dans notre nation pour l'exemple du reste du monde.

Sachons donc répudier les conseils de la force, les conseils de l'exaltation, en même temps que nous saurons éviter les périls du découragement, de la lassitude. Nous sommes dans la bonne voie, dans le droit chemin. Allons donc en avant, et sachons répéter avec Quinet, du même cœur, avec la même foi ce cri dont on pourrait faire une devise : « *Par la République, pour la Patrie !* » (*Bravos prolongés.*)

AU NOM DES ANCIENS AUDITEURS DU COLLÈGE DE FRANCE.

Sur la tombe d'Edgar Quinet, un dernier adieu doit être prononcé au nom de ses auditeurs du Collège de France, accourus alors de tous pays, aujourd'hui dispersés à travers l'Europe et l'Amérique, mais restés fidèles à l'horreur du mensonge, à l'amour de la vérité, au dévouement de la justice, que leur inspira sa vivifiante parole.

D'autres ont laissé derrière eux une École, une Église. Lui, il a prêché d'exemple l'affranchissement de la raison par la constante recherche du vrai. Parti de la métaphysique, il a abouti à la science. La poésie l'a conduit à la politique pratique. Nul, en ce siècle, n'a labouré plus profond le sillon des idées. Mais à personne, il n'a dit :

« Attendez la récolte ! »

Au contraire, il a dit à tous :

« Creusez encore, et semez toujours ! »

Que d'autres nient le progrès ou prétendent qu'il

<hr>

(¹) Ce discours et le suivant ne purent être prononcés, mais ils parurent le lendemain dans tous les journaux.

s'opère tout seul; sa méthode, pour lui-même et pour quiconque l'a écouté, lu et su comprendre, consiste en ceci :

Faire son progrès, être une conscience, étudier la science et en élargir les horizons, avec l'absolue sincérité d'une intelligence libre.

Son enseignement se résume en ces deux mots de l'*Esprit nouveau* : « Marcher sans se courber... Prendre la voie droite. »

Il a mis en accord parfait sa vie privée avec sa vie publique. Tout a été juste dans les moindres actes de ce chercheur infatigable de l'idéale justice.

On a rendu hommage à l'écrivain, au patriote, au républicain, au député populaire. Nous, nous adressons notre suprême salut à l'homme.

A ce titre, ce n'est pas seulement la France qui pleure Edgar Quinet; ce sont aussi les nations, à l'émancipation desquelles il travailla ; c'est l'Humanité, dont il fut l'un des plus complets et des plus nobles types.

Son rêve patriotique en même temps qu'humain, fut de faire de sa patrie l'idéal des nations. Que ceux en qui il se survit par la pensée poursuivent son rêve !

L'Allemagne en est encore à l'achèvement de la Réforme par le Césarisme. Que la France se remette de trois siècles en avance et cherche sa revanche dans le couronnement de la Révolution française!

Armer tous ses bras pour la défense de la patrie, c'est bien. Mais ce qui est encore mieux, c'est d'éclairer toutes ses intelligences, d'émanciper toutes ses activités, de se dégager totalement d'un passé mort, qui ne ressuscitera sous aucune de ses formes politiques, sociales ou religieuses; c'est de marcher à l'avenir la conscience éveillée, l'esprit ouvert, le cœur ardent; c'est de s'élever toujours et toujours dans la vérité et dans la justice, c'est de faire de la cause de la République française la cause du genre humain.

DISCOURS

AU NOM DE LA ROUMANIE.

Au nom de la Roumanie qui perd en la personne
d'Edgar Quinet un puissant défenseur de ses droits
si longtemps méconnus, la jeunesse roumaine de
Paris vient déposer sur ce monument l'expression
de sa vive douleur et de sa profonde reconnaissance.

Elle vient pleurer avec la France sur celui qui
fut pendant de si longues années le soutien des
plus grandes et des plus nobles idées, sur celui qui
a eu une foi inébranlable dans la liberté, dans le
vrai, dans la justice éternelle, dans la République.

Le digne représentant de la démocratie française, Edgar Quinet, dans son brûlant patriotisme,
n'a jamais oublié l'humanité. Il vivra dans l'âme
de toutes les nations qu'il a aidées dans la re-
vendication de leurs droits. La nation roumaine
gardera éternellement son souvenir.

En prononçant son nom, les Roumains béniront
à tout jamais la généreuse patrie de l'éminent professeur, du profond penseur, du grand démocrate.

En 1866, la Roumanie reconnaissante a décerné à Edgar Quinet (¹) le titre de citoyen roumain. Nous ne pourrons honorer mieux sa mémoire qu'en luttant pour le triomphe de la vérité qu'il a soutenue avec tant de grandeur d'âme.

Et à Michelet.

LETTRE DE MM. SCHŒLCHER ET LOUIS BLANC.

« Madame et amie,

« C'est en Angleterre, et aujourd'hui seulement, que nous apprenons la mort de l'homme illustre à la destinée duquel vous avez eu le bonheur et la gloire d'associer votre destinée. Condamnés de la sorte à l'impossibilité d'arriver à temps pour ses obsèques, nous voulons du moins vous dire combien nous sommes émus de votre douleur.

L'intelligence lumineuse d'Edgar Quinet, la force et l'originalité de ses conceptions, en politique et en philosophie, l'éclat de son génie littéraire, sa vie employée tout entière à aimer le peuple, à le défendre, à le servir, voilà ce que connaissent de lui ceux qui, dans le monde, s'intéressent aux choses de l'esprit et à la carrière des hommes publics. Mais nous avons connu d'Edgar Quinet plus encore, et nous savons ce que vous avez perdu en le perdant, nous qu'il honora de son

amitié, nous qui avons eu sous les yeux l'exemple
de ses vertus privées, nous qui avons pu voir de
quel charme il entourait le culte austère de la vérité, et ce qui se mêlait de douceur à la rigidité de
sa grande âme républicaine, et jusqu'à quel point
le génie, chez lui, était la splendeur de la bonté.

Agréez, Madame, l'assurance de notre inaltérable attachement et de notre profond respect.

V. SCHŒLCHER.

LOUIS BLANC. »

Londres, 29 mars 1875.

TÉLÉGRAMME ET LETTRES DE GARIBALDI.

« Veuve Edgar Quinet. — Versailles.

« Votre douleur est partagée par l'Italie entière.

« G. GARIBALDI. »

En même temps, le général a adressé la lettre ci-après aux Italiens :

Rome, 28 mars 1875.

« Edgar Quinet a terminé sa glorieuse vie et comme la France, qui a été son berceau, l'Italie a perdu en lui un ami vrai et généreux.

« Quinet a été un des plus solides liens entre les deux nations sœurs. Il a écrit et parlé de l'Italie avec tant d'amour qu'aucun de nous ne peut lui être comparé.

« Et nous devons tous une parole d'affectueuse condoléance à son inconsolable et illustre veuve.

« G. GARIBALDI. »

———

« Madame,

« Edgar Quinet aura un culte immortel dans le
cœur des Italiens et des hommes libres de toutes
les nations ! Mes compatriotes se souviendront
toujours du grand homme, né sur un sol étranger
et qui illustra l'Italie en s'identifiant avec tant
d'ardeur à l'histoire de son émancipation.

« Au nom de mon pays, veuillez agréer, Madame,
une parole de respect et d'amour que tout Italien
vous doit et que je m'honore de vous présenter.

« G. GARIBALDI. »

« Madame,

« La mort de votre illustre mari est une immense perte pour la France et pour l'Humanité. Il vivra toujours par ses œuvres qui sont une lumière du monde, mais sa précieuse existence, si elle se fût prolongée quelques années de plus, eût hâté le triomphe du progrès et de la justice. Cette douleur nous transperce, nous autres Italiens qui sommes liés par un lien de gratitude et de foi républicaine à l'homme qui a tout sacrifié à nos communes aspirations.

« Pendant sa maladie, que nous ignorions, hélas, nos journaux publiaient les plus justes louanges sur Edgar Quinet, et la Société Manzoni se proposait de lui consacrer sa fête annuelle.

« La fatale nouvelle est venue briser ce projet et a ému les plus indifférents. Il n'y a pas de bouche en Italie qui ne prononce l'éloge d'Edgar Quinet et ne l'identifie à l'amour même pour l'Italie.

« Acceptez, Madame, au nom de la Sicile et de tout le parti républicain, la plus profonde expression de notre condoléance; c'est le sentiment public unanime.

« MARIO ALDISIO SAMMITO. »

(Suivent les signatures.)

Terra Nuova di Sicilia 31 mars, 1875.

« Madame,

« Vous ne pleurez pas seule Edgar Quinet ; il est pleuré, vous le savez, et par la France et par l'Italie et par l'Humanité entière. La France a perdu l'illustre écrivain, le patriote intègre, mais l'Italie a perdu l'unique historien de ses révolutions ; l'Humanité a perdu l'homme de génie qui a consumé sa vie pour le triomphe des vérités, phares de la civilisation.

« Si, en dépit des ministères, un lien solide nous attache à la France, c'est à la France de l'idée, à la France de Quinet.

« Nous avions résolu dans notre dernière séance de consacrer notre prochaine fête littéraire à célébrer le génie d'Edgar Quinet ; j'étais chargé de convier à cette solennité toutes les illustrations de France et d'Italie, tous m'avaient promis des écrits, des paroles pour honorer cette splendide intelligence, et la foudroyante nouvelle nous arrive !

Que la France étudie l'œuvre d'Edgar Quinet si elle veut suivre la voie dont l'arrachent si souvent les éternels ennemis de la liberté et de la libre pensée. L'Italie a prouvé qu'elle a étudié l'œuvre de Quinet, car nous le disons hautement : l'auteur des immortelles *Révolutions d'Italie* n'a pas peu contribué à cette épopée immense : l'Unification de l'Italie !

« Reprenez courage, Madame, Edgar Quinet est mort, mais son génie fait partie de la civilisation moderne.

« Le président de la Société Manzoni,

« VICENZO QUARANTA. »

avril 1875.

Gênes, 1er avril 1875.

« Madame,

« La douloureuse nouvelle de la mort de votre illustre époux nous est amère et inattendue. Interprète des sentiments de tous les membres de cette Société, je reçois le mandat spécial de vous exprimer au nom de notre réunion, nos plus profondes condoléances.

« Si par la mort d'Edgar Quinet la France perd un de ses fils les plus vertueux, l'Italie pleure son plus sincère ami, le fervent propagateur de son unité et de son indépendance.

« En signe de fraternité entre les républicains des deux nations sœurs, nous déposons sur la tombe de Joseph Mazzini une couronne de lauriers pour honorer la chère mémoire de son frère et ami.

« Recevez, Madame, l'expression de notre douleur et notre salut fraternel.

« Les mandataires de la Société du Cercle Génois de Mazzini et le Conseil directeur. »

(Suivent les signatures.)

LETTRE DES RÉPUBLICAINS PORTUGAIS.

Lisbonne, avril 1875.

« La *Democracia* et la *Republica* insèrent dans leurs colonnes quelques nobles paroles à l'occasion de la mort de notre grand maître.

« Nous ne pouvons oublier qu'Edgar Quinet est un apôtre et l'émancipateur de toutes les nationalités persécutées, écrasées ; que sa parole de feu réveilla la vie dans le froid sépulcre de la Grèce, que son chant d'espérance vint en aide à la résurrection de la Roumanie, qu'enfin à nous-mêmes, Portugais, il nous enseigna à révérer ces œuvres de l'esprit qui attestent devant le monde que nous aussi nous eûmes un jour de vie.

« Il était un de nos amis les plus révérés ; à tous les titres, il a droit à notre gratitude. »

(Suivent les signatures.)

———

« Les titans de la pensée, qui par leur parole inspirée et par l'exemple sublime de leur vie réussissent à élever le niveau moral de l'Europe et ressuscitent les traditions de la grande Révolution française, naguère submergée, disparaissent peu à peu. Ils laissent la scène du monde vide. Ils vont occuper la place auguste que leur réserve l'histoire.

« Tous ces infatigables ouvriers de notre siècle ont dévoué leur vie à la cause de l'humanité; vénérés par le monde, regrettés par les générations nouvelles, ils succombent sous le poids des ans, des souffrances, des travaux, mais ils nous lèguent leurs livres sacrés comme des Évangiles.

« Edgar Quinet est mort! Nous ne pouvons répéter ces paroles sans un frémissement : une douleur aiguë transperce notre cœur et l'esprit reste plongé dans des réflexions navrantes.

« Il y a bien des années, alors, dans toute la vigueur de l'âge, il traversa notre pays et avec l'intuition propre à son génie il nous enseigna à comprendre les *Lusiades*, avec une hauteur de pensées, une science que nous n'avions pas pressentie jusque-là.

« Énumérer, analyser tous ses ouvrages ce sera la tâche de l'avenir.

« Actuellement membre de l'extrême gauche à l'Assemblée, Edgar Quinet y siégeait comme un républicain antique; républicain français, mais prophète de l'humanité.

« Ami et collègue de cette autre âme candide

Michelet, ils entreprirent tous deux dans la chaire du Collège de France une lutte héroïque contre les Jésuites. Michelet voyant la France vaincue, la France qu'il appelait le soldat de Dieu, survécut une année à sa défaite. Edgar Quinet continua sur la brèche la lutte pour la justice, la vérité, et quand il ne pouvait faire entendre sa voix à la tribune, il publiait des œuvres nouvelles d'une vigueur, d'une élévation, d'une jeunesse étonnante malgré ses soixante-douze années, et toutes inspirées par ce feu sacré qui anime les apôtres des grandes causes.

« Les intrigues, les misères de l'Assemblée de Versailles minèrent les forces du lutteur intrépide. Il vivait de la vie des grands esprits, mais il souffrait dans le peuple, dans l'humanité.

« Repose en paix ô grand génie! ton nom est comme un emblème de lumière et de justice qui éclaire et guide nos destinées. Non, tu ne meurs pas, tu commences à jouir de l'immortalité réservée aux grands esprits qui ont rempli souverainement la mission de leur vie. »

LETTRE DE LA LIGUE DE LA PAIX ET DE LA LIBERTÉ.

« Genève, 31 mars 1875.

« Madame,

« Le malheur qui vous accable nous atteint.

« M. Quinet fut au premier rang parmi les fondateurs de notre Ligue.

« Aucun de ceux qui, en 1867, l'ont entendu à Genève, au premier Congrès de la paix et de la liberté, n'a oublié les belles paroles qu'il y prononça.

« Chaque année, depuis, il nous envoyait son adhésion et ses encouragements.

« Comme nous, il voulait la paix, mais avec nous il ne croyait à la paix que par la liberté, c'est-à-dire par la République.

« Veuillez, Madame, agréer l'hommage de notre profond respect.

« Pour la Ligue internationale de la paix
et de la liberté.

« CH. LEMONNIER,
« L'un des vice-présidents,

« A. UMILTA,
« Secrétaire. »

TABLE

VIE ET MORT DU GÉNIE GREC

AVANT-PROPOS 1

   I. COMMENT S'EST FORMÉ LE GÉNIE GREC. 1

  II. ESCHYLE 4

 III. LE DRAME GREC. 7

 IV. HÉRODOTE. 10

  V. HÉROÏSME ET SAGESSE 19

 VI. UNITÉ DE LA RACE. 24

 VII. DES ORACLES 26

VIII. HÉROÏSME DANS LA VIE ET DANS L'ART. 28

  IX. PINDARE 32

   X. ALCIBIADE. 39

 XI. DÉMOSTHÈNES 41

 XII. PLUTARQUE 44

NOTES

PLAN DE L'OUVRAGE

I. 53

GUERRES MÉDIQUES

I. HÉRODOTE. 73
II. DISCOURS DE DÉMARATE 80
III. LES THERMOPYLES 89
IV. SALAMINE 93
V. PLATÉE-MYCALE 101

TROPHÉES DE LA VICTOIRE

I. ESCHYLE 108
II. SOPHOCLE 122
III. EURIPIDE 140
IV. PINDARE 151
V. PHIDIAS 160
VI. PÉRICLÈS 176
VII. THUCYDIDE 187
VIII. DÉMOSTHÈNES 196
IX. THÉOCRITE 205
X. ÉPICTÈTE 213
XI. LA MANIÈRE DE PLATON 225
XII. CONCLUSION 250

APPENDICE

LE 29 MARS 1875. 259
DISCOURS DE VICTOR HUGO 263
DISCOURS DE M. HENRI BRISSON 268
DISCOURS DE M. LABOULAYE. 274
DISCOURS DE GAMBETTA. 277
DISCOURS DE M. CHASSIN 290
DISCOURS DES ROUMAINS 293
LETTRE DE MM. SCHŒLCHER ET LOUIS BLANC. 295
LETTRES DE GARIBALDI. 297
LETTRE DES RÉPUBLICAINS DE SICILE. 299
LETTRE DE LA SOCIÉTÉ LITTÉRAIRE DE MANZONI 301
LETTRE DE LA SOCIÉTÉ MAZZINI. 303
LETTRE DES RÉPUBLICAINS PORTUGAIS. 304
LETTRE DE LA LIGUE DE LA PAIX ET DE LA LIBERTÉ. . . . 307

FIN DE LA TABLE.

SOCIÉTÉ ANONYME D'IMPRIMERIE
et LIBRAIRIE ADMINISTRATIVES
et des CHEMINS de FER
Imprimerie Paul DUPONT
4, Rue du Bouloi, PARIS

Paris. — Imp. PAUL DUPONT (Thouzellier D'), 4, rue du Bouloi (Cl.). 1933.12.11

SOUSCRIPTION NATIONALE DE 1876

A L'ÉDITION DES ŒUVRES COMPLÈTES

D'EDGAR QUINET

Les admirateurs du grand penseur et du grand écrivain que la France a perdu l'année dernière, ceux qui regrettent dans Edgar Quinet le patriote inébranlable comme l'éloquent et profond philosophe, jugeront tous, comme nous, que le pays qu'il a tant honoré doit un monument à sa mémoire, et que le monument le plus digne de lui serait la publication intégrale de ses œuvres.

Nous proposons donc à ceux de nos concitoyens qui partagent les sentiments que nous avons voués à ce mort illustre, l'ouverture d'une souscription pour aider à préparer et à commencer cette œuvre vraiment nationale.

Cette souscription serait fixée à 20 francs.

Il nous a paru qu'il conviendrait d'inaugurer la série des œuvres d'Edgar Quinet par la publication de sa correspondance inédite, qui ne saurait manquer d'offrir de précieux documents à l'histoire contemporaine. Les personnes qui enverront une souscription de 20 francs auront droit à recevoir *deux volumes de Lettres inédites, et quatre volumes des Œuvres complètes.*

EDMOND ABOUT, Publiciste; BARDOUX, Député; BATAILLARD, Publiciste; LOUIS BLANC, Député; H. BRISSON, Député; CARNOT, Sénateur; CASTAGNARY, Conseiller municipal; A. CRÉMIEUX, Sénateur; A. DUMESNIL, Publiciste; J. FERRY, Député; GERMER BAILLIÈRE, Conseiller municipal; HARANT, Conseiller municipal; A. MARIE; H. MARTIN, Sénateur; LAURENT-PICHAT, Sénateur; E. LEFÈVRE, Conseiller municipal; P. MEURICE, Publiciste; E. MILLAUD, Député; E. NOEL, Publiciste; E. PELLETAN, Sénateur; A. PREAULT; Dr ROBIN, Sénateur; SPULLER, Député; TIERSOT, Député; VACQUERIE, Publiciste; E. VALENTIN, Sénateur; VICTOR HUGO, Sénateur; VIOLLET-LE-DUC, Conseiller municipal.

ŒUVRES COMPLÈTES D'EDGAR QUINET

Trente volumes in-18 :

CHAQUE VOLUME SÉPARÉMENT : 3 fr. 50

Philosophie. — Génie des religions. Origines des dieux. Les Jésuites. L'Ultramontanisme. Introduction à la philosophie de l'histoire. Essai sur Herder. — Examen de la Vie de Jésus. Le Christianisme et la Révolution française. Philosophie de l'Histoire de France. La Création. L'Esprit Nouveau. Vie et mort du Génie grec.

Histoire : Les Révolutions d'Italie. Marnix. Fondation de la République des Provinces-Unies. Les Roumains.

La Révolution. Histoire de la campagne de 1815.

Voyages. — Critique littéraire. La Grèce moderne. Allemagne et Italie. Mes vacances en Espagne. Histoire de la Poésie. Épopées françaises. Mélanges.

Politique et Religion : Enseignement du peuple. La Révolution religieuse au XIXᵉ siècle. Situation morale et politique. La Croisade romaine. La Sainte-Alliance en Portugal. Pologne et Rome. État de siège. Le Panthéon. Le Siège de Paris et la Défense nationale. La République. Le Livre de l'Exilé. Œuvres diverses.

Poèmes : Prométhée. Napoléon. Les Esclaves. Ahasvérus. Merlin l'Enchanteur.

Autobiographie : Histoire de mes idées. Correspondance.

Paris. — Imp. PAUL DUPONT (THOUZELLIER, Dr), (Cl.) 1933 *bis*.12.11.

www.ingramcontent.com/pod-product-compliance
Lightning Source LLC
LaVergne TN
LVHW020625060726
842526LV00003B/873